W0089585

Günter Ungar

Die Macht
der Gedanken

Schätze sammeln
und innerlich reich werden

Kleinbuchserie „**Lichtblicke**" B 3a

KLEINBUCHSERIE „LICHTBLICKE"

B 3a

Herausgegeben von Mag. Günter Ungar,
evangelischer Pfarrer i.R.
4810 Gmunden, Lerchenfeldgasse 1 b
Tel. 07612/75021

Die Herausgabe dieses dritten Titels der Kleinbuchserie
wurde dankenswerter Weise unterstützt durch folgende
Behörden und Firmen: oö. Kulturdirektion Linz
Dispositionsfonds des Bürgermeisters von Gmunden

Immobilien Ing. Sepp Swoboda, Schloss Oberweis
KIA-Motors, Ing. Eugen Swoboda jun.,
Gmunden-Attnang
P+K Metallbau, Gmunden
Traunsee-Schifffahrt, Karlheinz Eder, Gmunden

1. Auflage März 2015
2. geringfügig korrigierte Auflage Mai 2015
© Günter Ungar, Gmunden, **g.ungar@gmx.net**
Umschlaggestaltung, Satz und Herstellung:
Kilian Verlag, Vöcklabruck

ISBN 978-3-901745-44-7

O Herr, verleihe mir, dass ich heute die Welt mit Augen betrachte, die voller Liebe und Dankbarkeit sind. Erfülle mich mit Gelassenheit, Wohlwollen und heiterer Zuversicht, damit alle, die mir begegnen, etwas spüren von Deiner Gegenwart und Liebe.

Gebet nach Mirjam von Abellin

Dieses Bändchen widme ich in Dankbarkeit

meiner geliebten Frau Monika

aus Anlass unserer „Goldenen Verlobung"

Zum Inhalt

19 Lieder von Paul Gerhardt (Seiten 8-60) mit Abbild und Kurzbiografie am Buchumschlag, 9 Lieder weiterer bekannter Dichterinnen und Dichter mit Kurzbiografien (Seiten 61-81)

Zum Geleit

Mirjam von Abellin hat vor 150 Jahren - ähnlich wie Mutter Teresa im heutigen Indien – segensvoll in Palästina gewirkt. Was sie erbittet umschreibt die christliche Grundeinstellung. Natürlich gehört die Sensibilität gegenüber fremdem Leid und Unrecht dazu, in das wir oft verstrickt sind. Regungen heiligen Zorns und entsprechende Zeichen und Taten. Scheitern, Verzweiflung und Schuld bleiben keinem Gläubigen erspart – aber immer wieder gilt es hinein zu finden in diese christliche Grundstimmung heiterer Gelassenheit, tiefer Glaubensfreude und inneren Reichtums. Es geht darum, sich zu öffnen für die Macht der guten Gedanken, im Sinne des bekannten Bonhoeffer-Liedes: Von guten Mächten wunderbar geborgen, erwarten wir getrost, was kommen mag …. Dazu will dieses Büchlein helfen.

Mein Vater hat **Wilhelm Busch** sehr geschätzt und kannte viele seiner Verse auswendig. Damit hat er uns unseren sechs Kindern immer wieder „gepunktet", weil er zu jeder passenden (und auch unpassenden) Gelegenheit einen Vers zitieren konnte. „Richte itzo deinen Lauf …" bedeutete: Bitte hole mir dies oder jenes. Oder der humorvolle Spruch, mit dem mancher gemütliche Abend seinen Anfang nahm: „Rotwein ist für alte Knaben eine von den besten Gaben". Wilhelm Busch hat scharfsinnig, aber humorvoll Missstände aufgezeigt, die bürgerliche Doppelmoral entlarvt und ist deshalb auch heute noch immer aktuell.

In diesem Büchlein geht es nicht um äußere Schätze und materielle Güter, sondern um die *MACHT DER (guten, positiven) GEDANKEN* und um *INNERE GEISTLICHE SCHÄTZE*: um Glaubenserkenntnisse und tröstliche Zusagen, Facetten biblischer Wahrheit und menschlicher Grunderkenntnis – die wir auch im ALLTAG stets verfügbar haben sollten. Ähnlich wie manche humorvolle Verse von Wilhelm Busch.

Dazu eignen sich vorzüglich vor allem die Lieder von **Paul Gerhardt**. Er hat in anschaulichen Bildern aus der Natur und dem menschlichen Alltag biblische Wahrheiten zu Versen verdichtet. Fast jedes Lied ist eine kleine Predigt für sich. Viele Verse sind zugleich Gebete, direkte Anreden Gottes. Zwischen den einzelnen Liedtexten finden Sie die bekanntesten **Verse aus den 150 Psalmen**, dem Gebetsbuch Jesu aus dem Alten, besser dem Ersten Testament.

In den abschließenden **Grundsatzüberlegungen** versuche ich aufzuzeigen, wie das Einprägen der Lieder praktisch erfolgen kann. Querverbindungen zur modernen Gehirnforschung und anderen Wissensgebieten zeigen auf, wie aktuell und wichtig die Macht der guten Gedanken für uns ist; wie wertvoll innere Schätze sein könnten. Die **Literaturhinweise** auf jene Bücher, die mich im letzten Jahr stark beschäftigt haben, wollen auch Sie zur gezielten Weiterarbeit anregen und ermutigen.

Dieses Bändchen ist nach dem Gebetbuch von J. F. Stark (2011, vergriffen, Neuauflage in Vorbereitung) und den beiden Ausgaben der Lebenserinnerungen von Karl Polster (2. Auflagen 2012 und 2013) das bisher 3. Exemplar der Kleinbuchserie LICHTBLICKE. Für Rückmeldungen und Hinweise, sowie für hilfreiche Kritik bin ich dankbar und bemühe mich, rasch darauf zu antworten.

Es ist mir ein großes Bedürfnis, an dieser Stelle noch einen besonderen DANK zum Ausdruck zu bringen

den großzügigen Unterstützern, die eine preisgünstige Verbreitung dieser Kleinbuchserie ermöglichen und mein unternehmerisches Risiko minimieren

• Dem KILIAN-Verlag Vöcklabruck für die kompetente und verständnisvolle Begleitung dieses geistigen Projektes

• Meinem Freund Jörg Piesch und meiner Frau für ihre Ermutigung und ihr beständiges Interesse

Günter Ungar (g.ungar@gmx.net)
Herausgeber der Kleinbuchserie Lichtblicke

Befiehl du deine Wege

Merkvers: *Ps. 37/5 „Befiehl dem Herrn deine Wege und hoffe auf ihn, er wird's wohl machen"*

1. ***Befiehl*** du deine Wege und was dein Herze kränkt/der allertreusten Pflege des, der den Himmel lenkt. Der Wolken, Luft und Winden gibt Wege, Lauf und Bahn, der wird auch Wege finden, da dein Fuß gehen kann.

2. ***Dem Herren*** musst du trauen, wenn dir's soll wohl ergehn; / auf sein Werk musst du schauen, wenn dein Werk soll bestehn. / Mit Sorgen und mit Grämen / und mit selbst eigner Pein / lässt Gott sich gar nichts nehmen, / es muss erbeten sein.

3. ***Dein*** ewge Treu und Gnade, / o Vater weiß und sieht / was gut sei oder schade / dem sterblichen Geblüt; / und was du dann erlesen, das treibst du, starker Held, / und bringst zum Stand und Wesen, / was deinem Rat gefällt.

4. ***Weg*** hast du allerwegen, / an Mitteln fehlt dir' s nicht; / dein Tun ist lauter Segen, / dein Gang ist lauter Licht; / dein Weg kann niemand hindern, / dein Arbeit darf nicht ruh, / wenn du, was deinen Kindern / ersprießlich ist wirst tun.

5. ***Und*** ob gleich alle Teufel hier wollten widerstehn, / so wird doch ohne Zweifel / Gott nicht

zurücke gehen; / was er sich vorgenommen / und was er haben will / das muss doch endlich kommen / zu seinem Zweck und Ziel.

6. *Hoff*, o du arme Seele, / hoff und sei unverzagt! / Gott wird dich aus der Höhle, / da dich der Kummer plagt, / aus großen Gnaden rücken; / erwarte nur die Zeit, / so wirst du schon erblicken / die Sonn der schönsten Freud.

7. *Auf*, auf gib deinem Schmerze / und Sorgen gute Nacht, / lass fahren, was das Herze / betrübt und traurig macht; bist du doch nicht Regente, / der alles führen soll, / Gott sitzt im Regimente / und führet alles wohl.

8. *Ihn*, ihn lass tun und walten, / er ist ein weiser Fürst / und wird sich so verhalten, / dass du dich wundern wirst, / wenn er, wie ihm gebühret, / mit wunderbarem Rat / das Werk hinaus geführet, / das dich gekümmert hat.

9. *Er* wird zwar eine Weile / mit seinem Trost verziehn / und tun an seinem Teile, / als hätt' in seinem Sinn / er deiner sich begeben / und sollt'st du für und für / in Angst und Nöten schweben, / als frag er nichts nach dir.

10. *Wird's* aber sich befinden, / dass du ihm treu verbleibst, / so wird er dich entbinden, / da du's am mind'sten glaubst; / er wird dein Herze lösen

/ von der so schweren Last, / die du zu keinem Bösen / bisher getragen hast.

11. **Wohl** dir, du Kind der Treue, / du hast und trägst davon / mit Ruhm und Dankgeschreie / den Sieg und Ehrenkron ; / Gott gibt dir selbst die Palmen / in deine rechte Hand, / und du singst Freudenpsalmen / dem, der dein Leid gewandt.

12. **Mach'** End', o Herr, mach Ende / mit aller unsrer Not; / stärk unsre Füß' und Hände / und lass bis in den Tod / uns allzeit deiner Pflege / und Treu empfohlen sein, / so gehen unsre Wege / gewiss zum Himmel ein.

Psalm 4/9: Ich liege und schlafe ganz mit Frieden; denn allein du, Herr, hilfst mir, dass ich sicher wohne.

Die güldne Sonne voll Freud und Wonne

Merkvers: Die – mein – lass – ab – ich – lass / Mensch – alles – Gott – willst – willst – Kreuz

1. **Die** güldne Sonne / voll Freud und Wonne / bringt unsern Grenzen / mit ihrem Glänzen / ein herzerquickendes, liebliches Licht. / Mein Haupt

und Glieder, / die lagen darnieder, / aber nun steh ich, bin munter und fröhlich, / schaue den Himmel mit meinem Gesicht.

2. *Mein* Auge schauet, / was Gott gebauet / zu seinen Ehren / und uns zu lehren, / wie sein Vermögen sei mächtig und groß / und wo die Frommen dann sollen hinkommen, / wann sie mit Frieden / von hinnen geschieden aus dieser Erden vergänglichem Schoß.

3. *Lass*et uns singen, / dem Schöpfer bringen / Güter und Gaben, / was wir nur haben, / alles sei Gotte zum Opfer gesetzt! / Die besten Güter / sind unsre Gemüter; / dankbare Lieder / sind Weihrauch und Widder, / an welchen er sich am meisten ergötzt.

4. *Ab*end und Morgen / sind seine Sorgen; / segnen und mehren, / Unglück verwehren, / sind seine Werke und Taten allein. / Wenn wir uns legen, / so ist er zugegen; / wenn wir aufstehen, / so lässt er aufgehen / über uns seiner Barmherzigkeit Schein.

5. *Ich* hab erhoben / zu dir hoch droben / all meine Sinnen; / lass mein Beginnen / ohn' allen Anstoß und glücklich ergehn. / Laster und Schande, / des Satanas Bande, / Fallen und Tücke / treib ferner zurücke / lass mich auf deinen Geboten bestehn.

6. ***Lass*** mich mit Freuden / ohn alles Neiden / sehen den Segen, / den du wirst legen / in meines Bruders und Nächsten Haus. / Geiziges Brennen, / unchristliches Rennen / nach Gut mit Sünde, / das tilge geschwinde / aus meinem Herzen und wirf es hinaus!

7. ***Mensch***liches Wesen, / was ist's gewesen? / In einer Stunde / geht es zugrunde / sobald das Lüftlein des Todes drein bläst. / Alles in allem / muss brechen und fallen, / Himmel und Erden, / die müssen das werden, / was sie vor ihrer Erschaffung gewest.

8. ***Alles*** vergeht, / Gott aber stehet, / ohn alles Wanken, / seine Gedanken, / sein Wort und Wille hat ewigen Grund. / Sein Heil und Gnaden, / die nehmen nicht Schaden, / heilen im Herzen / die tödlichen Schmerzen, / halten uns zeitlich und ewig gesund.

9. ***Gott***, meine Krone, / vergib und schone, / lass meine Schulden / in Gnad und Hulden aus deinen Augen sein abgewandt. / Sonsten regiere, / mich lenke und führe, / wie dir's gefället; / ich habe gestellet / alles in deine Beliebung und Hand.

10. ***Willst*** du mir geben, / womit mein Leben / ich kann ernähren, / so laß mich hören / allzeit im

Herzen dies heilige Wort: / „Gott ist das Größte, / das Schönste und Beste, / Gott ist das Süß'te und Allergewiß'te / aus allen Schätzen der edelste Hort."

11. **Willst** du mich kränken, / mit Galle tränken, / und soll von Plagen / ich auch was tragen, / wohlan, so sei es / wie dir es beliebt. / Was gut und tüchtig, / was schädlich und nichtig / meinem Gebeine, / das weißt du alleine, / hast niemals keinen zu sehr noch betrübt.

12. **Kreuz** und Elende, / das nimmt ein Ende; nach Meeresbrausen / und Windessausen / leuchtet der Sonne gewünschtes Gesicht. / Freude die Fülle / und selige Stille / wird mich erwarten im himmlischen Garten, / dahin sind meine Gedanken gericht'.

Psalm 8 / 2,4-6,10 Herr, unser Herrscher, wie herrlich ist dein Name in allen Landen! Wenn ich sehe die Himmel, deiner Finger Werk, den Mond und die Sterne, die du bereitet hast; was ist der Mensch, dass du seiner gedenkst, und des Menschen Kind, dass du dich seiner annimmst? Du hast ihn wenig niedriger gemacht als Gott, mit Ehre und Herrlichkeit hast du ihn gekrönt… Herrn, unser Herrscher, wie herrlich ist dein Name in allen Landen!

Wach auf, mein Herz und singe

Merkvers: *Wach – heut – du – Wort / du willst – die – so / sprich – mich*

1. ***Wach*** auf, mein Herz, und singe / dem Schöpfer aller Dinge, / dem Geber aller Güter, / dem frommen Menschenhüter.

2. ***Heut***, als die dunklen Schatten / mich ganz umgeben hatten, / hat Satan mein begehret; / Gott aber hat's gewehret.

3. ***Du*** sprachst: „Mein Kind, nun liege, / trotz dem, der dich betrüge; / schlaf wohl, lass dir nicht grauen, / du wirst die Sonne schauen."

4. Dein ***Wort***, das ist geschehen: / Ich kann das Licht noch sehen, / von Not bin ich befreiet, / dein Schutz hat mich erneuet.

5. ***Du willst*** ein Opfer haben, / hier bring ich meine Gaben: mein Weihrauch und mein Widder / sind mein Gebet und Lieder.

6. ***Die*** wirst du nicht verschmähen; / du kannst ins Herze sehen; denn du weißt, dass zur Gabe / ich ja nichts Bess'res habe.

7. ***So*** wollst du nun vollenden / dein Werk an mir und senden, der mich an diesem Tage / auf seinen Händen trage.

8. ***Sprich*** ja zu meinen Taten, / hilf selbst das Beste raten, / den Anfang, Mitt' und Ende, / ach Herr zum Besten wende.

9. *Mich* segne, mich behüte, / mein Herz sei deine Hütte, / dein **Wort** sei meine Speise, / bis ich gen Himmel reise.

Psalm 13 / 6 Herr, ich traue darauf, dass du so gnädig bist. Mein Herz freut sich, dass du so gerne hilfst. Ich will dem Herren singen, dass er so wohl an mir tut.

Nun ruhen alle Wälder

Merkspruch: Nun – wo – der Tag – der Leib – das Haupt/nun geht – mein Aug – breit aus – auch euch

1. *Nun* ruhen alle Wälder, / Vieh, Menschen , Städt' und Felder, / es schläft die ganze Welt; / ihr aber, meine Sinnen, / auf, auf, ihr sollt beginnen, / was eurem Schöpfer wohlgefällt.
2. *Wo* bist du, Sonne, blieben? / Die Nacht hat dich vertrieben, / die Nacht, des Tages Feind. / Fahr hin; ein andre Sonne, / mein Jesus, meine Wonne, / gar hell in meinem Herzen scheint.
3. *Der Tag* ist nun vergangen, / die güldnen Sternlein prangen / am blauen Himmelssaal; /also werd ich auch stehen, / wenn mich wird heißen gehen / mein Gott aus diesem Jammertal.
4. *Der Leib* eilt nun zur Ruhe, / legt ab das Kleid und Schuhe, / das Bild der Sterblichkeit; die zieh

ich aus, dagegen / wird Christus mir anlegen / den Rock der Ehr und Herrlichkeit.

5. **Das Haupt**, die Füß und Hände / sind froh, dass nun zum Ende / die Arbeit kommen sei. / Herz, freu dich, du sollst werden / vom Elend dieser Erden / und von der Sünden Arbeit frei.

6. **Nun geht**, ihr matten Glieder, / geht hin und legt euch nieder, / der Betten ihr begehrt./ Es kommen Stund und Zeiten, / da wird man euch bereiten / zur Ruh ein Bettlein in der Erd.

7. **Mein Aug**en stehn verdrossen, / im Nu sind sie geschlossen, / Wo bleibt dann Leib und Seel? / Nimm sie zu deinen Gnaden, / sei gut für allen Schaden, / du Aug und Wächter Israel'.

8. **Breit aus** die Flügel beide, / o Jesu, meine Freude, / und nimm dein Küchlein ein. / Will Satan mich verschlingen, / so lass die Englein singen: / "Dies Kind soll unverletzet sein."

9. **Auch euch**, ihr meine Lieben, / soll heute nicht betrüben / kein Unfall noch Gefahr. Gott, lass euch selig schlafen, / stell euch die güldnen Waffen / ums Bett und seiner Engel Schar.

Psalm 16/11 Du tust mir kund den Weg zum Leben, vor dir ist Freude die Fülle und Wonne zu deiner Rechten ewiglich.

Wie soll ich dich empfangen

Merkspruch: *Wie – dein – was – ich – nicht / das – ihr – auch – was – er*

1. *Wie* soll ich dich empfangen / und wie begegn ich dir, / o, aller Welt Verlangen, / o meiner Seelen Zier? / O Jesu, Jesu, setze mir selbst die Fackel bei, / damit, was dich ergötze, / mir kund und wissend sei.

2. *Dein* Zion streut dir Palmen / und grüne Zweige hin, / und ich will dir in Psalmen / ermuntern meinen Sinn. / Mein Herze soll dir grünen / in stetem Lob und Preis / und deinem Namen dienen, / so gut es kann und weiß.

3. *Was* hast du unterlassen / zu meinem Trost und Freud, / als Leib und Seele saßen / in ihrem größten Leid? / Als mir das Reich genommen, / da Fried und Freude lacht, / da bist du, mein Heil kommen / und hast mich froh gemacht.

4. *Ich* lag in schweren Banden, / du kommst und machst mich los; / ich stand in Spott und Schanden, / du kommt und machst mich groß / und hebst mich hoch zu Ehren / und schenkst mir großes Gut, / das sich nicht lässt verzehren / wie irdisch Reichtum tut.

5. *Nicht*s, nichts hat dich getrieben / zu mir vom Himmelszelt / als das geliebte Lieben, damit du

alle Welt / in ihren tausend Plagen / und großen Jammerlast, / die kein Mund kann aussagen, / so fest umfangen hast.

6. **Das** schreib dir in dein Herze, / du hochbetrübtes Heer, bei denen Gram und Schmerze / sich häuft je mehr und mehr; seid unverzagt, ihr habet / die Hilfe vor der Tür, / der eure Herzen labet / und tröstet steht allhier.

7. **Ihr** dürft euch nicht bemühen / noch sorgen Tag und Nacht, wie ihr ihn wollet ziehen / mit eures Armes Macht. / Er kommt, er kommt mit Willen, / ist voller Lieb und Lust, all Angst und Not zu stillen, / die ihm an euch bewusst.

8. **Auch** dürft ihr nicht erschrecken / vor eurer Sündenschuld; / nein, Jesus will sie decken / mit seiner Lieb und Huld. / Er kommt, er kommt den Sündern / zu Trost und wahrem Heil, schafft, dass bei Gottes Kindern / verbleib ihr Erb und Teil.

9. **Was** fragt ihr nach dem Schreien / der Feind und ihrer Tück? / Der Herr wird sie zerstreuen / in einem Augenblick. / Er kommt, er kommt, ein König, / dem wahrlich alle Feind / auf Erden viel zu wenig / zum Widerstande seind.

10. **Er** kommt zum Weltgerichte: / zum Fluch dem, der ihm flucht, mit Gnad und süßem Lichte / dem, der ihn liebt und sucht. / Ach komm, ach

komm, o Sonne, / und hol uns allzumal / zum ewgen Licht und Wonne / in deinen Freudensaal.

Psalm 17 / 8+15 Behüte mich wie einen Augapfel im Auge, beschirme mich unter dem Schatten deiner Flügel. Ich aber will schauen dein Antlitz in Gerechtigkeit, ich will satt werden, wenn ich erwache, an deinem Bilde.

Fröhlich soll mein Herze springen

Merkspruch: **Fröhlich – heut – sollt – er – nun – ei –/ die – wer – die – Süßes-mein / ich bin – ich will**

1. **Fröhlich** soll mein Herze springen / dieser Zeit, da vor Freud / alle Engel singen. / Hört, hört wie mit vollen Chören / alle Luft, laute ruft: / Christus ist geboren.
2. **Heute** geht aus seiner Kammer / Gottes Held, der die Welt / reißt aus allem Jammer. Gott wird Mensch, dir Mensch, zugute, / Gottes Kind, das verbindt / sich mit unserm Blute.
3. **Sollt** uns Gott nun können hassen, / der uns gibt, was er liebt / über alle Maßen? / Gott gibt, unserm Leid zu wehren, / seinen Sohn aus dem Thron / seiner Macht und Ehren.

4. *Er* nimmt auf sich, was auf Erden / wir getan, gibt sich dran, / unser Lamm zu werden, unser Lamm, das für uns stirbet / und bei Gott für den Tod / Gnad und Fried erwirbet.

5. *Nun* er liegt in seiner Krippen, / ruft zu sich, dich und mich / spricht mit süßen Lippen: / „Lasset fahrn, o liebe Brüder, / was euch quält, was euch fehlt ;/ich bring alles wieder."

6. *Ei*, so kommt und lasst uns laufen, / stellt euch ein, groß und klein, / eilt mit großen Haufen! / Liebt den, der vor Liebe brennet; / schaut den Stern, der euch gern /Licht und Labsal gönnet.

7. *Die* ihr schwebt in großem Leide, / sehet, hier ist die Tür/ zu der wahren Freude; / fasst ihn wohl, er wird euch führen / an den Ort, / da hinfort / euch kein Kreuz wird rühren.

8. *Wer* sich fühlt beschwert im Herzen, / wer empfindt seine Sünd / und Gewissensschmerzen, / sei getrost: hier wird gefunden, / der mit Eil / machet heil / die vergift'ten Wunden.

9. *Die* ihr arm seid und elende, / kommt herbei, füllet frei / eures Glaubens Hände. / Hier sind alle guten Gaben / und das Gold, / da ihr sollt / euer Herz mit laben.

10. *Süßes* Heil, lass dich umfangen, / lass mich dir, meine Zier, / unverrückt anhangen. / Du bist

meines Lebens Leben; / nun kann ich / mich durch dich / wohl zufrieden geben.

11. **Mein**e Schuld kann mich nicht drücken, / denn du hast meine Last / all auf deinem Rücken. / Kein Fleck ist an mir zu finden; ich bin gar / rein und klar / aller meiner Sünden.

12. **Ich bin** rein um deinetwillen: / Du gibst g'nug Ehr und Schmuck, / mich darein zu hüllen. /Ich will dich ins Herze schließen, / o mein Ruhm! / edle Blum, / lass dich recht genießen.

13. **Ich will** dich mit Fleiß bewahren; / ich will dir leben hier, /dir will ich hinfahren;/ mit dir will ich endlich schweben / voller Freud ohne Zeit / dort im andern Leben.

Psalm 18/ 2+3 Herzlich lieb habe ich dich, Herr, meine Stärke! Herr, mein Fels, meine Burg, mein Erretter; mein Gott, mein Hort, auf den ich traue, mein Schild und Berg meines Heils und mein Schutz!

Ich steh an deiner Krippen hier

Merkvers: *Ich steh – da – ich – ich seh / wann – o – nehmt / du fragest – eins / zwar – sollt*

1. ***Ich steh*** an deiner Krippen hier, / o Jesu, du mein Leben; / ich komme, bring und schenke dir / was du mir hast gegeben. / Nimm hin, es ist mein Geist und Sinn / Herz, Seel und Mut nimm alles hin / und lass dir's wohl gefallen.

2. ***Da*** ich noch nicht geboren war, / da bist du mir geboren / und hast dich mir zu eigen gar , / eh ich dich kannt, erkoren. / Eh ich durch deine Hand gemacht, / da hast du schon bei dir bedacht / wie du mein wolltest werden.

3. ***Ich*** lag in tiefster Todesnacht / du warest meine Sonne, / die Sonne, die mir zugebracht /Licht, Leben, Freud und Wonne. / O Sonne, die das werte Licht / des Glaubens in mir zugericht', / wie schön sind deine Strahlen.

4. ***Ich seh***e dich mit Freuden an / und kann mich nicht satt sehen; / und weil ich nun nichts weiter kann, / bleib ich anbetend stehen. / O dass mein Sinn ein Abgrund wär / und meine Seel ein weites Meer, / dass ich dich möchte fassen!

5. ***Wann*** oft mein Herz im Leibe weint / und keinen Trost kann finden, / rufst du mir zu: „Ich bin

dein Freund / ein Tilger deiner Sünden. / Was trauerst du, o Bruder mein? / Du sollst ja guter Dinge sein, / ich zahle deine Schulden."

6. **O** dass doch so ein lieber Stern / soll in der Krippen liegen! / Für edle Kinder großer Herrn / gehören güldne Wiegen. / Ach Heu und Stroh ist viel zu schlecht, / Samt, Seide, Purpur wären recht, dies Kindlein drauf zu legen.

7. **Nehmt** weg das Stroh, nehmt weg das Heu, / ich will mir Blumen holen, / dass meines Heilands Lager sei / auf lieblichen Violen; / mit Rosen, Nelken, Rosmarin / aus schönen Gärten will ich ihn / von oben her bestreuen.

8. **Du fragest** nicht nach Lust der Welt / noch nach des Leibes Freuden; / du hast dich bei uns eingestellt, / an unsrer Statt zu leiden, / suchst meiner Seele Herrlichkeit / durch Elend und Armseligkeit; / das will ich dir nicht wehren.

9. **Eins** aber, hoff ich, wirst du mir, / mein Heiland nicht versagen: / dass ich dich möge für und für / in, bei und an mir tragen. / So lass mich doch dein Kripplein sein; komm, komm und lege bei mir ein / dich und all deine Freuden.

10. **Zwar sollt** ich denken, wie gering / ich dich bewirten werde; / du bist der Schöpfer aller Ding, / ich bin nur Staub und Erde. / Doch bist du so

ein frommer Gast, / dass du noch nie verschmähet hast / den, der dich herzlich liebet.

Psalm 18/30 b + 31 Mit meinem Gott kann ich über Mauern springen. Gottes Wege sind vollkommen, die Worte des Herrn sind durchläutert. Er ist ein Schild allen, die ihm vertrauen.

O Haupt voll Blut und Wunden

Merkvers: *O Haupt – du – die Farb – nun – erkenn / ich will – es / – ich dank – wenn ich – erschein*

1. ***O Haupt*** voll Blut und Wunden / voll Schmerz und voller Hohn, / o Haupt, zum Spott gebunden / mit einer Dornenkron, / o Haupt, sonst schön gezieret / mit höchster Ehr und Zier, / jetzt aber hoch schimpfieret: / gegrüßet seist du mir!
2. ***Du*** edles Angesichte, / davor sonst schrickt und scheut / das große Weltgewichte: / wie bist du so bespeit, / wie bist du so erbleichet! / Wer hat dein Augenlicht, / dem sonst kein Licht nicht gleichet, / so schändlich zugericht?
3. ***Die Farbe*** deiner Wangen, / der roten Lippen Pracht / ist hin und ganz vergangen; des blassen

Todes Macht / hat alles hingenommen, / hat alles hingerafft, / und darum bist du kommen / von deines Leibes Kraft.

4. **Nun**, Herr, was du erduldet, / ist alles meine Last; / ich hab es selbst verschuldet, / was du getragen hast. / Schau her, hier steh ich Armer, / der Zorn verdienet hat. / Gib mir, o mein Erbarmer / den Anblick deiner Gnad.

5. **Erkenn**e mich, mein Hüter, / mein Hirte, nimm mich an. / Von dir, Quell aller Güter, / ist mir viel Guts getan; / dein Mund hat mich gelabet / mit Milch und süßer Kost, / dein Geist hat mich begabet / mit mancher Himmelslust.

6. **Ich will** hier bei dir stehen, / verachte mich doch nicht; / von dir will ich nicht gehen, / wenn dir dein Herze bricht, wenn dein Haupt wird erblassen / im letzten Todesstoß, / alsdann will ich dich fassen / in meinen Arm und Schoß.

7. **Es** dient zu meinen Freuden / und tut mir herzlich wohl, / wenn ich in deinem Leiden, / mein Heil, mich finden soll. / Ach möcht ich, o mein Leben, / an deinem Kreuze hier / mein Leben von mir geben, / wie wohl geschähe mir!

8. **Ich dank**e dir von Herzen, / o Jesu, liebster Freund, / für deines Todes Schmerzen, / da du's so gut gemeint. / Ach gib, dass ich mich halte /

zu dir und deiner Treu / und, wenn ich nun erkalte, / in dir mein Ende sei.

9. **Wenn ich** einmal soll scheiden, / so scheide nicht von mir, / wenn ich den Tod soll leiden, / so tritt du dann herfür; / wenn mir am allerbängsten / wird um das Herze sein, / so reiß mich aus den Ängsten / kraft deiner Angst und Pein!

10. **Erschein**e mir zum Schilde, / zum Trost in meinem Tod, / und lass mich sehn dein Bilde / in deiner Kreuzesnot. / Da will ich nach dir blicken, / da will ich glaubensvoll / dich fest an mein Herz drücken. / Wer so stirbt, der stirbt wohl.

Psalm 19 2 Die Himmel erzählen die Ehre Gottes, und die Feste verkündigt seiner Hände Werk. Ein Tag, der sagt's dem andern, und eine Nacht tut' s kund der andern.

13 Wer kann merken, wie oft er fehlet? Verzeihe mir die verborgenen Sünden!

15 Lass dir wohl gefallen die Rede meines Mundes und das Gespräch meines Herzens vor dir, Herr, mein Fels und mein Erlöser.

O Welt, sieh hier dein Leben

Merkvers: O Welt – tritt her – wer hat/ ich – ich bin's – du nimmst – du setzt / ich bin – nun – ich will's – wie / ich will – wenn – ich will- dein

1. ***O Welt***, sieh hier dein Leben/am Stamm des Kreuzes schweben:/dein Heil sinkt in den Tod, der große Fürst der Ehren/ lässt willig sich beschweren/ mit Schlägen, Hohn und großem Spott.

2. ***Tritt her***, und schau mit Fleiße: / sein Leib ist ganz mit Schweiße / des Blutes überfüllt; / aus seinem edlen Herzen / vor unerschöpften Schmerzen /ein Seufzer nach dem andern quillt.

3. ***Wer hat*** dich so geschlagen, / mein Heil, und dich mit Plagen/ so übel zugericht'?/Du bist ja nicht ein Sünder / wie wir und unsre Kinder;/ von Übeltaten weißt du nicht.

4. ***Ich***, ich und meine Sünden, / die sich wie Körnlein finden / des Sandes an dem Meer, /die haben dir erreget / das Elend, / das dich schläget, / und das betrübte Marterheer.

5. ***Ich bin's***, ich sollte büßen /an Händen und an Füßen/ gebunden in der Höll;/ die Geißeln und die Banden / und was du ausgestanden, / das hat verdienet meine Seel.

6. ***Du nimmst*** auf deinen Rücken / die Lasten, die mich drücken / viel schwerer als ein Stein;/ du

wirst ein Fluch, dagegen / verehrst du mir den Segen;dein Schmerzen muss mein Labsal sein.

7. ***Du setzest*** dich zum Bürgen, / ja lässest dich gar würgen/ für mich und meine Schuld;mir lässest du dich krönen / mit Dornen, die dich höhnen, / und leidest alles mit Geduld.

8. ***Ich bin***, mein Heil, verbunden / all Augenblick und Stunden / dir überhoch und sehr; was Leib und Seel vermögen, / das soll ich billig legen/ allzeit in deinen Dienst und Ehr.

9. ***Nun***, ich kann nicht viel geben / in diesem armen Leben; / eins aber will ich tun: / es soll dein Tod und Leiden, / bis Leib und Seel scheiden, / mir stets in meinem Herzen ruhn.

10. ***Ich will's*** vor Augen setzen, / mich stets daran ergötzen, / ich sei auch, wo ich sein; es soll mir sein ein Spiegel / der Unschuld und ein Siegel / der Lieb und unverfälschten Treu.

11. ***Wie*** heftig unsre Sünden / den frommen Gott entzünden, / wie Rach' und Eifer gehn, wie grausam seine Ruten, / wie zornig seine Fluten, / will ich aus diesem Leiden sehn.

12. ***Ich will*** daraus studieren/ wie ich mein Herz soll zieren/ mit stillem sanftem Mut, und wie ich die soll lieben, / die mich doch sehr betrüben / mit Werken, so die Bosheit tut.

13. **Wenn** böse Zungen stechen, / mir Ehr und Namen brechen, / so will ich zähmen mich; / das Unrecht will ich dulden, / dem Nächsten seine Schulden / verzeihen gern und williglich.
14. **Ich will** ans Kreuz mich schlagen / mit dir, und dem absagen, / was meinem Fleisch gelüst'; / was deine Augen hassen, / das will ich fliehn und lassen, / soviel mir immer möglich ist.
15. **Dein** Seufzen und dein Stöhnen / und die viel tausend Tränen, / die dir geflossen zu, / die sollen mich am Ende / in deinen Schoß und Hände / begleiten zu der ewgen Ruh.

Psalm 23 Der Herr ist mein Hirte, mir wird nichts mangeln. Er weidet mich auf einer grünen Aue und führet mich zu frischen Wasser. Er erquicket meine Seele. Er führet mich auf rechter Straße um seines Namens willen. Und ob ich schon wanderte im finstern Tal, fürchte ich kein Unglück; denn du bist bei mir, dein Stecken und Stab trösten mich. Du bereitest vor mir einen Tisch im Angesicht meiner Feinde. Du salbest mein Haupt mit Öl und schenkest mir voll ein. Gutes und Barmherzigkeit werden mir folgen mein Leben lang und ich werde bleiben im Hause des Herrn immerdar.

Auf, auf mein Herz mit Freuden

***Merkvers:** Auf, auf – er war – das ist – die Höll / die Welt – ich hang – er dringt – er bringt*

1. ***Auf, auf*** mein Herz, mit Freuden /nimm wahr, was heut geschicht; / wie kommt nach großem Leiden/ nun ein so großes Licht!/ Mein Heiland war gelegt/ da, wo man uns hinträgt / wenn von uns unser Geist/ gen Himmel ist gereist.

2. ***Er war*** ins Grab gesenket, / der Feind trieb groß Geschrei;/ eh er's vermeint und denket/ ist Christus wieder frei / und ruft: „Viktoria", / schwingt fröhlich hier und da / sein Fähnlein als ein Held, / der Feld und Mut behält.

3. ***Das ist*** mir anzuschauen / ein rechtes Freudenspiel; / nun soll mir nicht mehr grauen / vor allem, das da will / entnehmen mir den Mut / zusamt dem edlen Gut, / so mir durch Jesus Christ / aus Lieb erworben ist.

4. ***Die Höll*** und ihre Rotten, / die krümmen mir kein Haar; der Sünden kann ich spotten, / bleib allzeit ohn Gefahr. / Der Tod mit seiner Macht / wird nichts bei mir geacht':/ er bleibt ein totes Bild, / und wär er noch so wild.

5. ***Die Welt*** ist mir ein Lachen / mit ihrem großen Zorn, / sie zürnt und kann nichts machen, / all Arbeit ist verlor'n. / Die Trübsal trübt mir nicht /

mein Herz und Angesicht, / das Unglück ist mein Glück, / die Nacht mein Sonnenblick.

6. *Ich hang* und bleib auch hangen / an Christus als ein Glied;/ wo mein Haupt hin ist gangen, / da nimmt er mich auch mit./ Er reißet durch den Tod, / durch Welt , durch Angst, durch Not, / er reißet durch die Höll, / ich bin stets sein Gesell'.

7. *Er dringt* zum Saal der Ehren, / ich folg' ihm immer nach / und darf mich gar nicht kehren / an einzig Ungemach. / Es tobe, was da kann, / mein Haupt nimmt sich mein an, mein Heiland ist mein Schild, / der alles Toben stillt.

8. *Er bringt* mich an die Pforten, / die in den Himmel führt, / daran mit güldnen Worten / der Reim gelesen wird: / „Wer dort wird mit verhöhnt, wird hier auch mit gekrönt; / wer dort mit sterben geht, / wird hier auch mit erhöht."

Psalm 26 8 Herr, ich habe lieb die Stätte deines Hauses und den Ort, da deine Ehre wohnt.

Psalm 27 1 Der Herr ist mein Licht und mein Heil; vor wem sollte ich mich fürchten?

Der Herr ist meines Lebens Kraft; vor wem sollte mir grauen?

8 Mein Herz hält dir vor dein Wort: „Ihr sollt mein Antlitz suchen". Darum suche ich auch, Herr, dein Antlitz.

Zieh ein zu deinen Toren

__Merkvers:__ zieh ein – zieh ein – ich war – du bist / Geist – Freud – du Lieb - du Herr – erheb / beschirm – erfüll – gib Freud – richt uns.

1. *Zieh ein* zu deinen Toren, / sei meines Herzens Gast, / der du, eh ich geboren / mich neu geboren hast./ o hoch geliebter Geist / des Vaters und des Sohnes, / mit beiden gleichen Thrones, mit beiden gleich gepreist.

2. *Zieh ein*, lass mich empfinden / und schmecken deine Kraft, / die Kraft, die uns von Sünden / Hilf und Errettung schafft. / Entsünd'ge meinen Sinn, / dass ich mit reinem Geiste / dir Ehr' und Dienste leiste, / die ich dir schuldig bin.

3. *Ich war* ein wilder Reben, / du hast mich gut gemacht; / der Tod durchdrang mein Leben, / du hast ihn umgebracht / und in der Tauf' erstickt / als wie in einer Flute / mit dessen Tod und Blute / er uns im Tod erquickt.

4. *Du bist* das heilig Öle , / dadurch gesalbet ist; / mein Leib und meine Seele / dem Herren Jesus

Christ / zum wahren Eigentum, / zum Priester und Propheten, / zum König, den in Nöten / Gott schützt vom Heiligtum.

5. Du bist ein **Geist**, der lehret / wie man recht beten soll; dein Beten wird erhöret, / dein Singen klinget wohl / und steigt zum Himmel an, / es hört nicht auf und dringet, / bis der die Hilfe bringet, / der allen helfen kann.

6. Du bist ein Geist der **Freud**en, / von Trauern hältst du nichts / erleuchtest uns im Leiden / mit deines Trostes Licht. / Ach ja, wie manches Mal / hast du mit süßen Worten / mir aufgetan die Pforten / zum güldnen Freudensaal.

7. **Du** bist ein Geist der **Lieb**e, / ein Freund der Freundlichkeit, / willst nicht, dass uns betrübe / Zorn, Zank, Hass, Neid und Streit. / Der Feindschaft bist du Feind, / willst, dass durch Liebesflammen / sich wieder tun zusammen, / die voller Zwietracht seind.

8. **Du, Herr**, hast selbst in Händen / die ganze weite Welt, / kannst Menschenherzen wenden, / wie dir es wohl gefällt; / so gib doch deine Gnad / zu Fried und Liebesbanden / verknüpf in allen Landen, / was sich getrennet hat.

9. **Erheb**e dich, und steure / dem Herzleid auf der Erd', / bring wieder und erneure / die Wohlfahrt

deiner Herd'./ Lass blühen wie zuvor / die Länder, so verheeret, / die Kirchen, so zerstöret / durch Krieg und Feuerszorn.

10. **Beschirm'** die Obrigkeiten, / richt auf des Rechtes Thron, / steh treulich uns zur Seiten, / schmück, als mit einer Kron' / die Alten mit Verstand, / mit Frömmigkeit die Jugend, / mit Gottesfurcht und Tugend / das Volk im ganzen Land.

11. **Erfülle** die Gemüter / mit reiner Glaubenszier, / die Häuser und die Güter / mit Segen für und für. / Vertreib' den bösen Geist, der dir sich wiedersetzet / und, was dein Herz ergötzet, / aus unsern Herzen reißt.

12. **Gib Freud**igkeit und Stärke / zu stehen in dem Streit, / den Satans Reich und Werke / uns täglich anerbeut. / Hilf kämpfen ritterlich, / Damit wir überwinden / und ja zum Dienst der Sünden / kein Christ ergebe sich.

13. **Richt' uns**er ganzes Leben / allzeit nach deinem Sinn; / und, wenn wir's sollen geben / ins Todes Rachen hin / wenn's mit uns hier wird aus, / so hilf uns fröhlich sterben / und nach dem Tod ererben / des ew' gen Lebens Haus.

Psalm 30 6-8 Gottes Zorn währt einen Augenblick und lebenslang seine Gnade. Den Abend lang währet das Weinen, aber des Morgens ist Freude. Ich aber sprach, als es mir gut ging:,,Ich werde nimmermehr wanken". Denn, Herr, durch dein Wohlgefallen hattest du mich auf einen hohen Fels gestellt. Aber als du dein Antlitz verbargst, erschrak ich.

Du meine Seele, singe

Merkvers: Du – wohl – hier – treu / er – Licht – er fremd – ach ich

1. **_Du_** meine Seele, singe, / wohlauf und singe schön / dem, welchem alle Dinge / zu Dienst und Willen stehn. / Ich will den Herren droben / hier preisen auf der Erd; / ich will ihn herzlich loben / so lang ich leben werd.
2. **_Wohl_** dem, der einzig schauet / nach Jakobs Gott und Heil! / Wer dem sich anvertrauet, / der hat das beste Teil, / das höchste Gut erlesen, den schönsten Schatz geliebt; / sein Herz und ganzes Wesen / bleibt ewig ungetrübt.
3. **_Hier_** sind die starken Kräfte, / die unerschöpfte Macht; das weisen die Geschäfte, / die seine Hand gemacht: / der Himmel und die Erde / mit ihrem ganzen Heer, / der Fisch' unzähl'ge Herde / im großen wilden Meer.

4. Hier sind die *treu*en Sinnen, / die niemand unrecht tun, / all denen Gutes gönnen, / die in der Treu beruhn. / Gott hält sein Wort mit Freuden, / und was er spricht, geschicht; / und wer Gewalt muss leiden, / den schützt er im Gericht.

5. *Er* weiß viel tausend Weisen / zu retten aus dem Tod, / er nährt und gibet Speisen / zur Zeit der Hungersnot, / macht schöne rote Wangen / auch bei geringem Mahl; / und die da sind gefangen, / die reißt er aus der Qual.

6. Er ist das *Licht* der Blinden, / erleuchtet ihr Gesicht, / und die sich schwach befinden, / die stellt er aufgericht'. / Er liebet alle Frommen, / und die ihm günstig seind, / die finden, wenn sie kommen, / an ihm den größten Freund.

7. *Er* ist der **Fremd**en Hütte, / die Waisen nimmt er an, / erfüllt der Witwen Bitte, / wird selbst ihr Trost und Mann. / die aber, die ihn hassen, / bezahlet er mit Grimm, / ihr Haus und wo sie saßen, / das wirft er um und hin.

8. *Ach ich* bin viel zu wenig, / zu rühmen seinen Ruhm; / der Herr allein ist König, / ich eine welke Blum'. / Jedoch, weil ich gehöre / gen Zion in sein Zeit, / ist's billig, dass ich mehre / sein Lob vor aller Welt.

Psalm 31 4 In deine Hände befehle ich meinen Geist; du hast mich erlöst, Herr, du treuer Gott. 16 Meine Zeit steht in deinen Händen.

Psalm 32 1+2 Wohl dem, dem die Übertretungen vergeben sind, dem die Sünde bedeckt ist. Wohl dem Menschen, dem der Herr die Schuld nicht zurechnet, in dessen Geist kein Trug ist!

Psalm 33 4 Des Herrn Wort ist wahrhaftig, und was er zusagt, das hält er gewiß. 9 Wenn er spricht, so geschieht's, wenn er gebietet, so steht's da.

Geh aus, mein Herz, und suche Freud

Merkvers: *Geh aus – die Bäume – Lerche Glucke / Bächlein – Bienen – Weizen /*

Ich selber – ach – welch Lust – o wär' / doch – hilf mir – mach – erwähle

1. **Geh aus**, mein Herz, und suche Freud'/ in dieser lieben Sommerzeit/ an deines Gottes Gaben;/ schau an der schönen Gärten Zier / und siehe, wie sie mir und dir / sich ausgeschmücket haben.

2. *Die Bäume* stehen voller Laub, / das Erdreich decket seinen Staub / mit einem grünen Kleide; / Narzissus und die Tulipan, / die ziehen sich viel schöner an / als Salomonis Seide.

3. Die *Lerche* schwingt sich in die Luft, / das Täublein fliegt aus seiner Kluft / und macht sich in die Wälder;/ die hoch begabte Nachtigall / ergötzt und füllt mit ihrem Schall / Berg, Hügel, Tal und Felder.

4. Die *Glucke* führt ihr Völklein aus, / der Storch baut und bewohnt sein Haus, / das Schwälblein speist die Jungen, / der schnelle Hirsch, das leichte Reh / ist froh und kommt aus seiner Höh' / ins tiefe Gras gesprungen.

5. Die *Bächlein* rauschen in dem Sand, / und malen sich an ihrem Rand / mit schattenreichen Myrten;/ die Wiesen liegen hart dabei / und klingen ganz vom Lustgeschrei / der Schaf' und ihrer Hirten.

6. Die unverdroß'ne *Bienen*schar / fliegt hin und her, / sucht hier und da / ihr edle Honigspeise;/ des süßen Weinstocks starker Saft / bringt täglich neue Stärk' und Kraft / aus seinem schwachen Reise.

7. Der *Weizen* wächset mit Gewalt; / darüber jauchzet jung und alt / und rühmt die große Güte /

des, der so überfließend labt / und mit so manchem Gut begabt / das menschliche Gemüte.

8. *Ich selber* kann und mag nicht ruh'n, / des großen Gottes großes Tun / erweckt mir alle Sinnen; / ich singe mit, wenn alles singt, / und lasse, was dem Höchsten klingt / aus meinem Herzen rinnen.

9. *Ach*, denk ich, bist du hier so schön / und lässt du's uns so lieblich gehen / auf dieser armen Erden: / was wird doch wohl nach dieser Welt / dort in dem reichen Himmelszelt / und güldnen Schlosse werden.

10. *Welch* hohe *Lust*, welch heller Schein / wird wohl in Christi Garten sein! / Wie muss es da wohl klingen, / da so viel tausend Seraphim / mit unverdross'nem Mund und Stimm' / ihr Halleluja singen?

11. *O, wär'* ich da! O stünd' ich schon, / ach, süßer Gott vor deinem Thron / und trüge meine Palmen: / so wollt ich nach der Engel Weis' / erhöhen deines Namens Preis / mit tausend schönen Psalmen.

12. *Doch* gleichwohl will ich, weil ich noch / hier trage dieses Leibes Joch, / auch nicht gar stille schweigen; / mein Herze soll sich fort und fort / an diesem und an allem Ort / zu deinem Lobe neigen.

13. ***Hilf mir*** und segne meinen Geist / mit Segen, der vom Himmel fleußt, / dass ich dir stetig blühe; / gib, dass der Sommer deiner Gnad' / in meiner Seel früh und spat / viel Glaubensfrücht' erziehe.

14. ***Mach*** in mir deinem Geiste Raum, / dass ich dir werd ein guter Baum, / und lass mich Wurzel treiben. / Verleihe, dass zu deinem Ruhm / ich deines Gartens schöne Blum' / und Pflanze möge bleiben.

15. ***Erwähle*** mich zum Paradeis / und lass mich bis zur letzten Reis' / an Leib und Seele grünen, / so will ich dir und deiner Ehr' allein und sonsten keinem mehr / hier und dort ewig dienen.

Psalm 34 2 Ich will den Herren loben allezeit; sein Lob soll immerdar in meinem Munde sein.

5 Als ich den Herrn suchte, antwortete er mir und errettete mich aus aller meiner Furcht.

9 Schmecket und sehet, wie freundlich der Herr ist. Wohl dem, der auf ihn trauet!

Psalm 36 6 Herr, deine Güte reicht, so weit der Himmel ist, und deine Wahrheit, so weit die Wolken gehen.

10 Bei dir ist die Quelle des Lebens und in deinem Licht sehen wir das Licht.

Psalm 37 5 Befiehl dem Herrn deine Wege und hoffe auf ihn, er wird's wohl machen. 7 Sei stille dem Herrn und warte auf ihn. 37 Bleibe fromm und halte dich recht ; denn einem solchen wird es zuletzt gut gehen.

Gib dich zufrieden und sei stille

__Merkvers:__ Gib dich – er ist – wie – wenn – er hört / lass – was –der – sprich(t) – bleibt gleich/ nimm – hat – es kann – es ist – er wird.

1. *__Gib dich__* zufrieden und sei stille / in dem Gotte deines Lebens! / In ihm ruht aller Freuden Fülle, / ohn' ihn mühst du dich vergebens; / er ist dein Licht und deine Sonne, / scheint täglich hell zu deiner Wonne./ Gib dich zufrieden!

2. *__Er ist__* voll Lichtes, Trosts und Gnaden, / ungefärbten treuen Herzens; / wo er steht, tut dir keinen Schaden / auch die Pein des größten Schmerzens. / Kreuz, Angst und Not kann er bald wenden, / ja auch den Tod hat er in Händen. / Gib dich zufrieden!

3. *__Wie__* dir's und andern oft ergehe, / ist ihm wahrlich nicht verborgen; / er sieht und kennet aus der Höhe / der betrübten Herzen Sorgen. / Er

zählt den Lauf der heißen Tränen / und fasst zuhauf all unser Sehen. / Gib dich zufrieden!

4. **Wenn** gar kein einz'ger mehr auf Erden, / dessen Treue du darfst trauen, / alsdann will er dein Treu'ster werden / und zu deinem Besten schauen. / Er weiß dein Leid und heimlich Grämen, / auch weiß er Zeit dir's abzunehmen. / Gib dich zufrieden!

5. **Er hört** die Seufzer deiner Seelen / und des Herzens stilles Klagen, / und was du keinem darfst erzählen, magst du Gott gar kühnlich sagen. / Er ist nicht fern, steht in der Mitten, / hört bald und gern der Armen Bitten. / Gib dich zufrieden!

6. **Lass** dich dein Elend nicht bezwingen, / halt an Gott, so wirst du siegen; / ob alle Fluten einher gingen , / dennoch wirst du oben liegen. / Denn wenn du wirst zu hoch beschweret, / hat Gott, dein Fürst, dich schon erhöret. / Gib dich zufrieden!

7. **Was** sorgst du für dein armes Leben, / wie du's halten wollst und nähren? / Der dir das Leben hat gegeben, / wird auch Unterhalt bescheren. / Er hat ein Hand, voll aller Gaben, / davon sich See und Land muss laben. Gib dich zufrieden!

8. **Der** allen Vöglein in den Wäldern / ihr be-

scheid'nes Körnlein weiset, / der Schaf und Rinder in den Feldern / alle Tage tränkt und speiset, / der wird vielmehr dich einz'gen füllen / und dein Begehr und Notdurft stillen. / Gib dich zufrieden!

9. **Sprich** nicht: „Ich sehe keine Mittel, / wo ich such', ist nichts zum Besten". / Denn das ist Gottes Ehrentitel: helfen, wo die Not am größten. / Wenn ich und du ihn nicht mehr spüren, / tritt er herzu, uns wohl zu führen. / Gib dich zufrieden!

10. **Bleibt** doch die Hilf' in etwas lange, / wird sie dennoch endlich kommen; / macht dir das Harren angst und bange, / glaube mir, es ist dein Frommen! / Was langsam schleicht, fasst man gewisser, / und was verzeucht, ist desto süßer. / Gib dich zufrieden!

11. **Nimm** nicht zu Herzen, was die Rotten / deiner Feinde von dir dichten; / lass sie nur immer weidlich spotten, / Gott wird´s hören und recht richten. / Ist Gott dein Freund und deiner Sachen, / was kann dein Feind, der Mensch groß machen? / Gib dich zufrieden!

12. **Hat** jeder selbst doch wohl das Seine, / wenn er's sehen könnt und wollte. / Wo ist ein Glück so klar und reine, / dem nicht etwas fehlen

sollte? / Wo ist ein Haus, das könnte sagen: / „Ich weiß durchaus von keinen Plagen." Gib dich zufrieden!

13. **Es kann** und mag nicht anders werden: / alle Menschen müssen leiden; / was webt und lebet auf der Erden, / kann das Unglück nicht vermeiden. / Des Kreuzes Stab schlägt unsere Lenden bis in das Grab, da wird sich's enden. / Gib dich zufrieden!

14. **Es ist** ein Ruhetag vorhanden, / da uns unser Gott wird lösen; er wird uns reißen aus den Banden / dieses Leib's und allem Bösen. / Es wird einmal der Tod herspringen / und aus der Qual uns sämtlich bringen. / Gib dich zufrieden!

15. **Er wird** uns bringen zu den Scharen / der Erwählten und Getreuen, / die hier mit Frieden abgefahren, / sich nun auch im Frieden freuen, / da sie den Grund, der nie kann brechen, / den ew'gen Mund selbst hören sprechen: / „Gib dich zufrieden!"

Psalm 42 2 Wie der Hirsch lechzt nach frischem Wasser, so schreit meine Seele, Gott, zu dir. Meine Seele dürstet nach Gott, nach dem lebendigen Gott. Wann werde ich dahin kommen, dass ich Gottes Angesicht schaue?

Psalm 46 2 + 3 a Gott ist unsere Zuversicht und Stärke, eine Hilfe in den großen Nöten, die uns getroffen haben. Darum fürchten wir uns nicht.

Ich bin ein Gast auf Erden

Merkvers: Ich bin – was – mich – so / ich hab – so – mein Heimat – zu dem / die Herberg – wo ich – du aber – da.

1. *Ich bin* ein Gast auf Erden / und hab hier keinen Stand; / der Himmel soll mir werden, / da ist mein Vaterland. / Hier reis' ich bis zum Grabe; / dort in der ew' gen Ruh' / ist Gottes Gnadengabe, / die schließt all' Arbeit zu.

2. *Was* ist mein ganzes Wesen / von meiner Jugend an / als Müh und Not gewesen? / So lang ich denken kann, / hab ich so manchen Morgen, / so manche liebe Nacht / mit Kummer und mit Sorgen / des Herzens zugebracht.

3. *Mich* hat auf meinen Wegen / manch harter Sturm erschreckt; / Blitz, Donner, Wind und Regen / hat mir manch Angst erweckt; / Verfolgung, Hass und Neiden, / ob ich' s gleich nicht verschuld't, / hab ich doch müssen leiden / und tragen mit Geduld.

4. **So** ging's den lieben Alten, / an deren Fuß und Pfad / wir uns noch täglich halten, / wenn's fehlt am guten Rat; / sie zogen hin und wieder, / ihr Kreuz war immer groß, / bis dass der Tod sie nieder / legt in des Grabes Schoss.

5. **Ich hab**e mich ergebén / in gleiches Glück und Leid; / was will ich besser leben / als solche großen Leut'? / Es muss ja durchgedrungen, / es muss gelitten sein, / wer nicht hat wohl gerungen, / geht nicht zur Freude ein.

6. **So** will ich zwar nun treiben / mein Leben durch die Welt, / doch denk ich nicht zu bleiben / in diesem fremden Zelt. / Ich wand're meine Straße, / die zu der Heimat führt, / da mich ohn' alle Maße / mein Vater trösten wird.

7. **Mein Heimat** ist dort droben, / da aller Engel Schar / den großen Herrscher loben, / der alles ganz und gar / in seinen Händen träget / und für und für erhält, / auch alles hebt und leget, / wie es ihm wohl gefällt.

8. **Zu dem** steht mein Verlangen, / da wollt ich gerne hin; / die Welt bin ich durchgangen, / dass ich' s fast müde bin. / Je länger ich hier walle, / je wen'ger find ich Freud, die meinem Geist gefalle; / das meist' ist Herzeleid.

9. **Die Herberg** ist zu böse, / der Trübsal ist zu viel.

/ Ach komm, mein Gott, und löse / mein Herz, wenn dein Herz will; / komm, mach ein selig's Ende / an meiner Wanderschaft, / und was mich kränkt, das wende / durch deinen Arm und Kraft.

10. **Wo ich** bisher gesessen, / ist nicht mein rechtes Haus. / Wenn mein Ziel ausgemessen, / so tret ich dann hinaus; / und was ich hier gebrauchet, / das leg ich alles ab, / und wenn ich ausgehauchet, / so scharrt man mich ins Grab.

11. **Du aber**, meine Freude, / du meines Lebens Licht, / du ziehst mich, wenn ich scheide, / hin vor dein Angesicht / ins Haus der ew' gen Wonne, / da ich stets freudenvoll / gleich wie die helle Sonne / mit andern leuchten soll.

12. **Da** will ich immer wohnen / - und nicht nur als ein Gast - / bei denen, die mit Kronen / du ausgeschmücket hast; / da will ich herrlich singen / von deinem großen Tun / und frei von schnöden Dingen / in meinem Erbteil ruhn.

Psalm 50 2+3a Aus Zion bricht an der schöne Glanz Gottes. Unser Gott kommt und schweiget nicht. 14+15 Opfere Gott Dank und erfülle dem Höchsten deine Gelübde und „rufe mich an in der Not, so will ich dich erretten und du sollst mich preisen".

Psalm 51 12-14 Schaffe in mir, Gott, ein reines Herz, und gib mir einen neuen, beständigen Geist. Verwirf mich nicht von deinem Angesicht, und nimm deinen heiligen Geist nicht von mir. Erfreue mich wieder mit deiner Hilfe, und mit einem willigen Geist rüste mich aus.

Ich weiß, mein Gott, dass all mein Tun

Merkvers: Ich weiß- es steht – es fängt – verleih / gib – prüf – was – ist – tritt du / ist ja – wer fleiß(ig) – der Weg – du – dein.

1. *Ich weiß*, mein Gott, dass all mein Tun / und Werk' in deinem Willen ruhn, / von dir kommt Glück und Segen; / was du regierst, das geht und steht / auf rechten, guten Wegen.
2. *Es steht* in keines Menschen Macht, / dass sein Rat werd ins Werk gebracht / und seines Gang's sich freue; / des Höchsten Rat, der macht's allein, / dass Menschenrat gedeihe.
3. *Es fängt* so mancher weise Mann / ein gutes Werk zwar fröhlich an / und bringt's doch nicht zum Stande; / er baut ein Schloss und festes Haus, / doch nur auf lauterm Sande.

4. **Verleih**e mir das edle Licht, / das sich von deinem Angesicht / in fromme Seelen strecket / und da der rechten Weisheit Kraft / durch deine Kraft erwecket.

5. **Gib** mir Verstand aus deiner Höh', / auf dass ich ja nicht ruh und steh / auf meinem eignen Willen; / sei du mein Freund und treuer Rat, / was recht ist zu erfüllen.

6. **Prüf** alles wohl, und was mir gut, / das gib mir ein, was Fleisch und Blut / erwählet, das verwehre. / Der höchste Zweck, das beste Teil / sei deine Lieb und Ehre.

7. **Was** dir gefällt, das lass auch mir, / o meiner Seelen Sonn und Zier, / gefallen und belieben; was dir zuwider, lass mich nicht / in Werk und Tat verüben.

8. **Ist**'s Werk von dir, so hilf zu Glück, / ist's Menschentun, so treib zurück / und ändre meine Sinnen. / Was du nicht wirkst, / das pflegt von selbst / in kurzem zu zerrinnen.

9. **Tritt du** zu mir und mache leicht, / was mir sonst fast unmöglich deucht, / und bring zum guten Ende, / was du selbst angefangen hast / durch Weisheit deiner Hände.

10. **Ist ja** der Anfang etwas schwer / und muss ich auch ins tiefe Meer / der bittern Sorgen treten, /

so treib mich nur, ohn' Unterlass / zu seufzen und zu beten.

11. **Wer fleiß**ig betet und dir traut, / wird alles, davor sonst ihm graut, / mit tapferm Mut bezwingen; / sein Sorgenstein wird in der Eil' / in tausend Stücke springen.

12. **Der Weg** zum guten ist gar wild, / mit Dorn und Hecken ausgefüllt; / doch wer ihn freudig gehet, / kommt endlich, Herr, durch deinen Geist, / wo Freud und Sonne stehet.

13. **Du** bist mein Vater, ich dein Kind; / was ich bei mir nicht hab und find, / hast du zu aller G'nüge. / So hilf nur, / dass ich meinen Stand / wohl halt und herrlich siege.

14. **Dein** soll sein aller Ruhm und Ehr, / ich will dein Tun je mehr und mehr / aus hoch erfreuter Seelen / vor deinem Volk und aller Welt, / so lang ich leb erzählen.

Psalm 55 23 Wirf dein Anliegen auf den Herrn ; der wird dich versorgen und wird den Gerechten in Ewigkeit nicht wanken lassen.

Psalm 56 5 Ich will Gottes Wort rühmen; auf Gott will ich hoffen und mich nicht fürchten. Was können mir Menschen tun?

Psalm 57 8 Mein Herz ist bereit, Gott, mein Herz ist bereit, dass ich singe und lobe.

Ist Gott für mich, so trete

Merkvers: Ist – nun – der – mein / der – nicht – sein Geist / und wenn – sein Geist – da ist – die Welt / kein Engel – mein Herz(e)

1. *Ist* Gott für mich, so trete /gleich alles wider mich;/ so oft ich sing und bete, / weicht alles hinter sich./ Hab ich das Haupt zum Freunde / und bin geliebt bei Gott, / was kann mir tun der Feinde / und Widersacher Rott'?
2. *Nun* weiß und glaub ich's feste / ich rühm' s auch ohne Scheu, / dass Gott der Höchst' und Beste, / mein Freund und Vater sei / und dass in allen Fällen / er mir zur Seiten steh ,/ und dämpfe Sturm und Wellen / und was mir bringet Weh.
3. *Der* Grund, da ich mich gründe / ist Christus und sein Blut ;/ das machet, dass ich finde / das ew'ge, wahre Gut. / An mir und meinem Leben / ist nichts auf dieser Welt, / was Christus mir gegeben, / das ist der Liebe wert.

4. *Mein* Jesus ist mein Ehre, / mein Glanz und schönes Licht. / Wenn der nicht in mir wäre, / so dürft' und könnt' ich nicht / vor Gottes Augen stehen / und vor dem Sternensitz, / ich müsste stracks vergehen / wie Wachs in Feuershitz.

5. *Der*, der hat ausgelöschet, / was mit sich bringt den Tod; der ist's, der mich rein wäschet, / macht schneeweiß, was ist rot. / In ihm kann ich mich freuen, / hab einen Heldenmut, / darf kein Gerichte scheuen, / wie sonst ein Sünder tut.

6. *Nicht*s, nichts kann mich verdammen, / nichts nimmt mir meinen Mut: / die Höll und ihre Flammen / löscht meines Heilands Blut. / Kein Urteil mich erschrecket, / kein Unheil mich betrübt, / weil mich mit Flügeln decket, / mein Heiland, der mich liebt.

7. *Sein Geist* wohnt mir im Herzen, / regiert mir meinen Sinn, / vertreibet Sorg und Schmerzen, / nimmt allen Kummer hin; / gibt Segen und Gedeihen / dem, was er in mir schafft, / hilft mir das Abba schreien / aus aller meiner Kraft.

8. *Und wenn* an einem Orte / sich Furcht und Schrecken find't, / so seufzt und spricht er Worte, / die unaussprechlich sind / mir zwar und meinem Munde , / Gott aber wohl bewusst, / der an des Herzens Grunde / ersiehet seine Lust.

9. **Sein Geist** spricht meinem Geiste / manch süßes Trostwort zu: / wie Gott dem Hilfe leiste, / der bei ihm suchet Ruh, / und wie er hab erbauet / ein edle neue Stadt , / da Aug und Herze schauet, / was es geglaubet hat.

10. **Da ist** mein Teil und Erbe / mir prächtig zugericht'; / wenn ich gleich fall und sterbe, / fällt doch mein Himmel nicht. / Muss ich auch hier gleich feuchten / mit Tränen meine Zeit, / mein Jesus und sein Leuchten / durchsüßet alles Leid.

11. **Die Welt**, die mag zerbrechen, / du stehst mir ewiglich; / kein Brennen, Hauen, Stechen / soll trennen mich und dich; / kein Hunger und kein Dürsten, / kein Armut, keine Pein, / kein Zorn der großen Fürsten / soll mir ein Hind'rung sein.

12. **Kein Engel**, keine Freuden, / kein Thron, kein Herrlichkeit, / kein Lieben und kein Leiden, / kein Angst und Fährlichkeit, / was man nur kann erdenken, / es sei klein oder gross: der keines soll mich lenken / aus deinem Arm und Schoß.

13. **Mein Herz**e geht in Sprüngen / und kann nicht traurig sein, / ist voller Freud und Singen, / sieht lauter Sonnenschein. / die Sonne, die mir lachet, / ist mein Herr Jesus Christ; / das, was mich singen machet, / ist, was im Himmel ist.

Psalm 62 6+7 Sei nur stille zu Gott, meine Seele; denn er ist meine Hoffnung. Er ist mein Fels, meine Hilfe und mein Schutz, dass ich nicht fallen werde. Hoffet auf ihn allezeit, ihr vom Volk Gottes, schüttet euer Herz vor ihm aus ; Gott ist unsere Zuversicht.

Psalm 63 2 Gott, du bist mein Gott, den ich suche. Ich dürste nach dir mit Leib und Seele wie trockenes, dürres Land. 6+7 Das ist meines Herzens Freude und Wonne, wenn ich dich mit fröhlichem Munde loben kann; wenn ich mich zu Bette lege, so denke ich an dich, wenn ich wach liege, sinne ich über dich nach.

Psalm 65 2+3 Gott, man lobt dich in der Stille zu Zion, und dir hält man Gelübde. Du erhörst Gebete, darum kommen alle Menschen zu dir. 10 Gottes Brünnlein hat Wasser die Fülle …

Sollt ich meinem Gott nicht singen

Merkvers: **Sollt – wie – sein Sohn – sein Geist / mein – Himmel – wenn - wie Vater / sein Straf – das weiß ich – weil.**

1. **Sollt** ich meinem Gott nicht singen, / sollt ich ihm nicht dankbar sein?/ Denn ich seh in allen

Dingen / wie so gut er's mit mir mein'. / Ist doch nichts als lauter Lieben, / das sein treues Herze regt, / das ohn' Ende hebt und trägt, / die in seinem Dienst sich üben. / Alles Ding währt seine Zeit, / Gottes Lieb in Ewigkeit.

2. **Wie** ein Adler sein Gefieder / über seine Jungen streckt, / also hat auch hin und wieder / mich des Höchsten Arm bedeckt, / alsobald im Mutterleibe, / da er mir mein Wesen gab / und das Leben, das ich hab / und noch diese Stunde treibe. / alles Ding währt seine Zeit / Gottes Lieb in Ewigkeit.

3. **Sein Sohn** ist ihm nicht zu teuer, / nein, er gibt ihn für mich hin, / dass er mich vom ewgen Feuer / durch sein heilig Blut gewinn. / O, du unergründ'ter Brunnen, / wie wird doch mein schwacher Geist, / ob er sich gleich hoch befleißt, / deine Tief´ ergründen können? / Alles Ding währt seine Zeit, / Gottes Lieb in Ewigkeit.

4. **Sein**en **Geist**, den edlen Führer / gibt er mir in seinem Wort, / dass er werde mein Regierer / durch die Welt zur Himmelspfort'; / dass er mir mein Herz erfülle / mit dem hellen Glaubenslicht, / das des Todes Macht zerbricht / und die Hölle selbst macht stille. Alles Ding währt seine Zeit, / Gottes Lieb in Ewigkeit.

5. *Mein*er Seele Wohlergehen / hat er ja recht wohl bedacht; / will dem Leibe Not erstehen, / nimmt er's gleichfalls wohl in acht. / Wenn mein Können, mein Vermögen / nichts vermag, nichts helfen kann, / kommt mein Gott und hebt mir an / sein Vermögen beizulegen. Alles Ding währt seine Zeit , /Gottes Lieb in Ewigkeit.

6. *Himmel*, Erd und ihre Heere / hat er mir zum Dienst bestellt; / wo ich nur mein Haupt hin kehre / find ich, was mich nährt und hält: / Tier und Kräuter und Getreide/ in den Gründen, in der Höh', / in den Büschen, in der See/ überall ist meine Weide. Alles Ding währt seine Zeit, / Gottes Lieb in Ewigkeit.

7. *Wenn* ich schlafe, wacht sein Sorgen / und ermuntert mein Gemüt, / dass ich alle liebe Morgen / sehe neue Lieb und Güt . / Wäre mein Gott nicht gewesen, / hätte mich sein Angesicht / nicht geleitet, wär ich nicht / aus so mancher Angst genesen. / Alles Ding währt seine Zeit, / Gottes Lieb in Ewigkeit.

8. *Wie* ein *Vater* seinem Kinde / sein Herz niemals ganz entzeucht , / ob es schon bisweilen Sünde / tut und aus den Bahnen weicht, / also hält auch mein Verbrechen/ mir mein frommer Gott zugut, / will mein Fehlen mit der Rut' / und nicht

mit dem Schwerte rächen. / Alles Ding währt seine Zeit, / Gottes Lieb in Ewigkeit.

9. ***Seine Straf***en, seine Schläge, / ob sie mir gleich bitter seind, / dennoch, wenn ich's recht erwäge, / sind es Zeichen, dass mein Freund, / der mich liebet, mein gedenke / und mich von der schnöden Welt, / die uns hart gefangen hält / durch das Kreuze zu ihm lenke. / Alles Ding währt seine Zeit, / Gottes Lieb in Ewigkeit.

10. ***Das weiß ich*** fürwahr und lasse / mir's nicht aus dem Sinne gehn: / Christenkreuz hat seine Maße / und muss endlich stille stehn. / Wenn der Winter ausgeschneiet / tritt der schöne Sommer ein; / also wird auch nach der Pein, / wer's erwarten kann, erfreuet. / Alles Ding währt seine Zeit, / Gottes Lieb in Ewigkeit.

11. ***Weil*** denn weder Ziel noch Ende / sich in Gottes Liebe find't, / ei, so heb ich meine Hände / zu dir Vater, als dein Kind, / bitte, wollst mir Gnade geben / dich aus aller meiner Macht / zu umfangen Tag und Nacht. / hier in meinem ganzen Leben. / Alles Ding währt seine Zeit, / Gottes Lieb in Ewigkeit.

Psalm 68 20 Gelobt sei der Herr täglich. Gott legt uns eine Last auf, aber er hilft uns auch.

Psalm 73 21 -26, 28 Als es mir wehe tat im Herzen und mich stach in meinen Nieren, da war ich wie ein Narr und wusste nichts, ich war wie ein Tier vor dir. Dennoch bleibe ich stets an dir; denn du hältst mich bei meiner rechten Hand, du leitest mich nach deinem Rat und nimmst mich endlich mit Ehren an. Wenn ich nur dich habe, frage ich nichts nach Himmel und Erde. Wenn mir gleich Leib und Seele verschmachtet, bist du doch, Gott, allezeit meines Herzens Trost und mein Teil. Das ist meine Freude, dass ich mich zu Gott halte und meine Zuversicht setze auf Gott den Herrn, dass ich verkündige all sein Tun.

Warum sollt ich mich denn grämen

Merkvers: Warum – nackend – Gut – schickt – Gott / Satan – unverzagt – kann – all / was ist – Herr – du bist

1. **Warum** sollt ich mich denn grämen? / Hab ich doch, Christum noch / wer will mir den nehmen? / Wer will mir den Himmel rauben, / den mir schon / Gottes Sohn / zugedacht im Glauben?

2. **Nackend** lag ich auf dem Boden, / da ich kam, da ich nahm / meinen ersten Odem; / nackend werd ich auch hinziehen, / wenn ich werd von der Erd' / als ein Schatten fliehen.

3. **Gut** und Blut, Leib, Seel' und Leben / ist nicht mein, Gott allein / ist es, der's gegeben. / Will er's wieder zu sich kehren, / nehm er's hin; / ich will ihn / dennoch fröhlich ehren.

4. **Schickt** er mir ein Kreuz zu tragen, / dringt herein Angst und Pein, / sollt ich drum verzagen? / Der es schickt, der wird es wenden; / er weiß wohl, wie er soll / all mein Unglück enden.

5. **Gott** hat mich in guten Tagen / oft ergötzt; sollt ich jetzt / nicht auch etwas tragen? / Fromm ist Gott und schärft mit Maßen / sein Gericht, kann mich nicht / ganz und gar verlassen.

6. **Satan**, Welt und ihre Rotten / können mir nichts mehr hier / tun, als meiner spotten. / Lass sie spotten, lass sie lachen! / Gott, mein Heil, / wird in Eil / sie zuschanden machen.

7. **Unverzagt** und ohne Grauen / soll ein Christ, / wo er ist, stets sich lassen schauen. / Wollt ihn auch der Tod aufreiben, / soll der Mut dennoch gut / fein und stille bleiben.

8. **Kann** uns doch kein Tod nicht töten, / sondern reißt unsern Geist / aus viel tausend Nöten, /

schließt das Tor der bittern Leiden / und macht Bahn, da man kann / gehn zu Himmelsfreuden.

9. **All**da wird in süßen Schätzen / ich mein Herz auf den Schmerz / ewiglich ergötzen. / Hier ist kein recht Gut zu finden; / was die Welt in sich hält, / muss im Nu verschwinden.

10. **Was** sind dieses Lebens Güter? / Eine Hand, voller Sand, / Kummer der Gemüter. / Dort, dort sind die edlen Gaben, / da mein Hirt Christus wird / mich ohn' Ende laben.

11. **Herr**, mein Hirt, Brunn aller Freuden, / du bist mein, ich bin dein, / niemand kann uns scheiden. / Ich bin dein, weil du dein Leben / und dein Blut, mir zugut / in den Tod gegeben;

12. **Du bist** mein, weil ich dich fasse / und dich nicht, o mein Licht, / aus dem Herzen lasse. / Lass mich, lass mich hingelangen, / da du mich und ich dich / leiblich werd' umfangen.

Psalm 84 11 Ein Tag in deinen Vorhöfen ist besser als sonst tausend. Ich will lieber die Tür hüten in meines Gottes Hause als wohnen in der Gottlosen Hütten.

Psalm 85 10+11 Gottes Hilfe ist nahe denen, die ihn ehren und ihm gehorchen, damit in unserem Lande seine Herrlichkeit wohnt, dass Güte und Treue einander begegnen und Gerechtigkeit und Friede sich küssen.

Psalm 86 11 Weise mir, Herr, deinen Weg, dass ich wandle in deiner Wahrheit; erhalte mein Herz bei dem einen, dass ich deinen Namen fürchte.

Abend ward, bald kommt die Nacht

Merkvers: Abend – einer wacht – Jesu – wenn dein Aug.

1. **Abend** ward, bald kommt die Nacht, / schlafen geht die Welt; / denn sie weiß, es ist die Wacht / über ihr bestellt.
2. **Einer wacht** und trägt allein / ihre Müh' und Plag', / der lässt keinen einsam sein, / weder Nacht noch Tag.
3. **Jesu** Christ, mein Hort und Halt, / dein gedenk ich nun; / tu mit Bitten dir Gewalt, / bleib bei meinem Ruh'n.
4. **Wenn dein Aug'** ob meinem wacht, / wenn dein Trost mir frommt, / weiß ich, dass auf gute Nacht / guter Morgen kommt.

Rudolf Alexander SCHRÖDER, geb. 1878 in Bremen, Innenarchitekt und Maler, Lyriker und Übersetzer; ab 1930 widmet er sich auch geistlicher Dichtung. In den Kriegsjahren Lektor und Prädikant in seinem neuen Wohnort Bergen bei Traunstein. Gest. 1962 in Bad Wiessee.

Psalm 90 1+2 Herr, du bist unsere Zuflucht für und für. Ehe denn die Berge wurden und die Erde und die Welt geschaffen wurden, bist du, Gott, von Ewigkeit zu Ewigkeit. 12 Lehre uns bedenken, dass wir sterben müssen, auf dass wir klug werden.

Psalm 91 1+2 Wer unter dem Schirm des Höchsten sitzt und unter Schatten des Allmächtigen bleibt, der spricht zu dem Herrn: meine Zuversicht und meine Burg, mein Gott, auf den ich hoffe.

Psalm 92 2+3 Das ist ein köstlich Ding, dem Herrn danken und lobsingen deinem Namen, du Höchster, des Morgens deine Gnade und des Nachts deine Wahrheit verkünden.

Der Mond ist aufgegangen

Merkvers: **Der Mond – wie – seht / wir – Gott – wollst – so**

1. **Der Mond** ist aufgegangen, / die goldnen Sternlein prangen / am Himmel hell und klar. / Der Wald steht schwarz und schweiget, / und aus den Wiesen steiget / der weiße Nebel wunderbar.

2. **Wie** ist die Welt so stille / und aus der Dämm' rung Hülle / so traulich und so hold / als eine stille Kammer, / wo ihr des Tages Jammer / verschlafen und vergessen sollt.

3. **Seht** ihr den Mond dort stehen? / Er ist nur halb zu sehen / und ist doch rund und schön. / So sind wohl manche Sachen, / die wir getrost belachen, / weil unsre Augen sie nicht sehn.

4. **Wir** stolzen Menschenkinder / sind eitel arme Sünder / und wissen gar nicht viel. Wir spinnen Luftgespinste / und suchen viele Künste / und kommen weiter von dem Ziel.

5. **Gott**, lass uns dein Heil schauen, / auf nichts Vergänglich' s trauen, / nicht Eitelkeit uns freun. / Lass uns einfältig werden / und vor dir hier auf Erden / wie Kinder fromm und fröhlich sein.

6. **Wollst** endlich sonder Grämen / aus dieser Welt

uns nehmen / durch einen sanften Tod; / und wenn du uns genommen, / lass uns in' Himmel kommen, / du unser Herr und unser Gott.

7. **So** legt euch denn, ihr Brüder, / in Gottes Namen nieder; kalt weht der Abendhauch. / Verschon' uns Gott mit Strafen / und lass uns ruhig schlafen / und unsern kranken Nachbarn auch!

Mathias CLAUDIUS, geb. 1740 in Reinfeld bei Lübeck. Studium der Theologie, Rechts- und Staatswissenschaft, Sekretär in Kopenhagen, Redakteur in Hamburg. Seit 1771 Herausgeber des „Wandsbecker Boten"; Dichter im Stil ehrfürchtiger Herzensfrömmigkeit. Gest. 1815 in Hamburg.

Psalm 96 1+2 Singet dem Herrn ein neues Lied, singet dem Herrn, alle Welt! Singet dem Herrn und lobet seinen Namen, verkündet von Tag zu Tag sein Heil!

Psalm 103 1-4 Lobe den Herrn, meine Seele, und was in mir ist, seinen heiligen Namen! Lobe den Herrn, meine Seele, und vergiss nicht, was er dir Gutes getan hat: der dir alle deine Sünde vergibt und heilet alle deine Gebrechen, der dein Leben vom Verderben erlöst und dich krönt mit Gnade und Barmherzigkeit. 8 Barmherzig und gnädig ist der Herr, geduldig und von großer Güte. 10-13 Er handelt nicht mit uns nach unsern Sünden und vergilt uns nicht nach unsrer Missetat. Denn so hoch der Himmel über der Erde ist, lässt er seine Gnade walten über die, die ihn fürchten. So fern der Morgen ist vom Abend lässt er unsere Übertretungen von uns sein. Wie sich ein Vater über Kinder erbarmt, so erbarmt sich der Herr über die, die ihn fürchten.

Gott wohnt in einem Lichte

Merkvers: _Gott wohnt – und – auch – er – nun_

1. **_Gott wohnt_** in einem Lichte, / dem keiner nahen kann. / Von seinem Angesichte / trennt uns der Sünde Bann. / Unsterblich und gewaltig / ist unser Gott allein, / will König tausendfaltig, / Herr aller Herren sein.

2. **_Und_** doch bleibt er nicht ferne, / ist jedem von uns nah. / Ob er gleich Mond und Sterne / und Sonnen werden sah, mag er dich doch nicht missen / in der Geschöpfe Schar, / will stündlich von dir wissen / und zählt dir Tag und Jahr.

3. **_Auch_** deines Hauptes Haare / sind wohl von ihm gezählt. / Er bleibt der Wunderbare, / dem kein Geringstes fehlt. / Den keine Meere fassen / und

keiner Berge Grat, / hat selbst das Reich verlassen, / ist dir als Mensch genaht.

4. *Er* macht die Völker bangen / vor Welt- und Endgericht / und trägt nach dir Verlangen, / lässt auch den Ärmsten nicht. / Aus seinem Glanz und Lichte / tritt er in deine Nacht: / und alles wird zunichte, / was dir so bange macht.

5. *Nun* darfst du in ihm leben / und bist nie mehr allein, darfst in ihm atmen, weben / und immer bei ihm sein. / Den keiner je gesehen / noch künftig sehen kann, / will dir zur Seite gehen / und führt dich himmelan.

Jochen KLEPPER, geb. 1903 in Beuthen an der Oder/Schlesien. Studium der Theologie, Mitarbeiter bei Presse und Rundfunk, seit 1931 Schriftsteller in Berlin. Vom NS-Regime in seiner Arbeit behindert und wegen seiner jüdischen Frau verfolgt. Freitod 1942 in Berlin. Von Jochen Klepper stammt auch das folgende Lied: Ja ich will euch tragen.

Psalm 104 24 Herr, wie sind deine Werke so groß und viel! Du hast sie alle weise geordnet und die Erde ist voll deiner Güter. 27+28 Es warten alle auf dich, dass du ihnen Speise gebest zur rechten Zeit. Wenn du ihnen gibst, so sammeln sie; wenn du deine Hand auftust, so werden sie mit Gutem gesättigt.

Psalm 106 1 (und Ps.107/1) Halleluja! Danket dem Herrn, denn er ist freundlich und seine Güte währet ewiglich.

Psalm 108 5 Herr, deine Güte reicht, so weit der Himmel ist, und deine Treue, so weit die Wolken gehen.

Ja, ich will euch tragen

Merkvers: Ja – ihr sollt – ist – stets / denkt Zeit – denkt Jahr – lasst nun

1. *Ja*, ich will euch tragen / bis zum Alter hin. / Und ihr sollt einst sagen, / dass ich gnädig bin.
2. *Ihr sollt* nicht ergrauen, / ohne dass ich's weiß, / müsst dem Vater trauen, / Kinder sein als Greis.
3. *Ist* mein Wort gegeben, / will ich es auch tun, / will euch milde heben: / ihr dürft stille ruhn.
4. *Stets* will ich euch tragen / recht nach Retterart. / Wer sah mich versagen, / wo gebetet ward?
5. *Denkt* der vor'gen *Zeit*en, / wie, der Väter Schar / voller Huld zu leiten, / ich am Werke war.
6. *Denkt* der früh'ren *Jahr*e, wie auf eurem Pfad / euch das Wunderbare / immer noch genaht.
7. *Lasst nun* euer Fragen, Hilfe ist genug! / Ja, ich will euch tragen / wie ich immer trug.

Psalm 118 14 Der Herr ist meine Macht und mein Psalm und ist mein Heil. 17 Ich werde nicht sterben, sondern leben und des Herrn Werke verkündigen. 22 Der Stein, den die Bauleute verworfen haben, ist zum Eckstein geworden. 24+25 Dies ist der Tag, den der Herr macht ; lasst uns freuen und fröhlich an ihm sein! O, Herr, hilf, Herr, lass wohl gelingen!

Psalm 119 9 Wie wird ein junger Mann seinen Weg unsträflich gehen? Wenn er sich hält an deine Worte. 18+19 Öffne mir die Augen, dass ich sehe die Wunder an deinem Gesetz. Ich bin ein Gast auf Erden.; verbirg deine Gebote nicht vor mir. 67 Ehe ich gedemütigt wurde, irrte ich; nun aber halte ich dein Wort. 92 Wenn dein Gesetz nicht mein Trost gewesen wäre, so wäre ich vergangen in meinem Elend. 105 Dein Wort ist meines Fußes Leuchte und ein Licht auf meinem Wege.

Jesu, geh voran auf der Lebensbahn
Merkvers: _Jesu – soll – Schmerz – ordne(n)_

1. **_Jesu_**, geh voran / auf der Lebensbahn! / Und wir wollen nicht verweilen, / dir getreulich nachzueilen; / führ uns an der Hand / bis ins Vaterland.

2. **Soll**'s uns hart ergehn, / lass uns feste stehn / und auch in den schwersten Tagen / niemals über Lasten klagen; / denn durch Trübsal hier / geht der Weg zu dir.
3. Rühret eigner **Schmerz** / irgend unser Herz, / kümmert uns ein fremdes Leiden, / o so gib Geduld zu beiden, / richte unsern Sinn / auf das Ende hin.
4. **Ordne** unsern Gang, / Jesu lebenslang. / Führst du uns durch raue Wege, / gib uns auch die nöt' ge Pflege, / tu uns nach dem Lauf / deine Türe auf.

Nikolaus Ludwig Graf von ZINZENDORF, geb. 1700 in Dresden. Schüler der Francke-Anstalten in Halle/Saale, Hof- und Justizrat in Dresden; er nahm die vertriebenen Mährischen Brüder in seinem Gut Berthelsdorf auf und gründete 1727 die Herrnhuter Brüdergemeine, trat in den geistlichen Stand und wurde 1737 ihr erster Bischof. Er wurde aus Sachsen verwiesen und war missionarisch im Baltikum, in Westindien und N-Amerika missionarisch und ökumenisch tätig, lebte in London und ab 1756 wieder in Herrnhut, wo er 1760 starb. Er verstand das Singen als emotionale und gemeinschaftsbildende Glaubensäußerung.

Psalm 121 7 + 8 Der Herr behüte dich vor allem Übel, er behüte deine Seele. Er behüte deinen Ausgang und deinen Eingang von nun an bis in Ewigkeit!

Psalm 126 1-6 Wenn der Herr die Gefangenen Zions erlösen wird, so werden wir sein wie die Träumenden. Dann wird unser Mund voll Lachens und unsere Zunge voll Träumens sein. Dann wird man sagen unter den Heiden: „Der Herr hat Großes an ihnen getan!" Ja, der Herr hat Großes an uns getan, des sind wir fröhlich! Herr, bringe zurück unsere Gefangenen, wie du die Bäche wiederbringst im Südland. Die mit Tränen säen, werden mit Freuden ernten. Sie gehen hin und weinen und streuen ihren Samen und kommen mit Freuden und bringen ihre Garben.

Mein schönste Zier und Kleinod bist

Merkvers: _Mein Zier – dein Lieb – dein Wort – der Tag_

1. **_Mein_** schönste **_Zier_** und Kleinod bist / auf Erden du, Herr Jesu Christ; / dich will ich lassen walten / und allezeit / in Freud und Leid / in meinem Herzen halten.

2. **Dein Lieb** und Treu vor allem geht, / kein Ding auf Erd' so fest besteht; / das muss ich frei bekennen. / Drum soll nicht Tod, / nicht Angst, nicht Not / von deiner Lieb mich trennen.

3. **Dein Wort** ist wahr und trüget nicht / und hält gewiss, was es verspricht, / im Tod und auch im Leben. / Du bist nun mein, / und ich bin dein, / dir hab ich mich ergeben.

4. **Der Tag** nimmt ab. Ach schönste Zier, / Herr Jesu Christ, bleib du bei mir, / es will nun Abend werden. / Lass doch dein Licht / auslöschen nicht / bei uns allhier auf Erden.

Johannes ECCARD, geb. 1553 in Mühlhausen, Sänger in München unter Orlando di Lasso, Organist in Augsburg, dann Kapellmeister in Königsberg und Berlin, dort 1611 gestorben.

Psalm 130 1-5 Aus der Tiefe rufe ich, Herr, zu dir. Herr, höre meine Stimme! Lass deine Ohren merken auf die Stimme meines Flehens! Wenn du, Herr, Sünden anrechnen willst – Herr, wer wird bestehen? Denn bei dir ist die Vergebung, dass man dich fürchte. Ich harre des Herrn, meine Seele harret, und ich hoffe auf sein Wort.

Müde bin ich, geh zur Ruh'

Merkvers: *Müde – hab ich – alle – müden Herzen*

1. ***Müde*** bin ich, geh' zur Ruh', / schließe meine Augen zu. / Vater, lass die Augen dein / über meinem Bette sein.
2. ***Hab ich*** Unrecht heut' getan, / sieh es, lieber Gott, nicht an. / Deine Gnad' und Jesu Blut / machen allen Schaden gut.
3. ***Alle,*** die mir sind verwandt, / Gott, lass ruhn in deiner Hand; / alle Menschen, groß und klein, / sollen dir befohlen sein.
4. ***Müden Herzen*** sende Ruh', / nasse Augen schließe zu. / Lass den Mond am Himmel stehm / und die stille Welt besehn.

Luise HENSEL, geb. 1798 in Linum bei Fehrbellin/Mark Brandenburg, Erzieherin, befreundet mit Clemens Brentano, gest. 1876 in Paderborn.

Psalm 139 13-18 Herr, du hast meine Nieren bereitet und hast mich gebildet im Mutterleibe. Ich danke dir dafür, dass ich wunderbar gemacht bin; wunderbar sind deine Werke, das erkennt meine Seele wohl. Es war dir mein Gebein nicht verborgen, als ich im Verborgenen gemacht wurde, als ich gebildet wurde unten in der Erde. Deine Augen sahen mich, als ich noch nicht bereitet war. Und alle Tage waren in dein Buch geschrieben, die noch werden sollten und von denen keiner da war. Aber wie schwer sind für mich, Gott, deine Gedanken.! Wie ist ihre Summe so groß! Würde ich sie zählen, so wären sie mehr als der Sand: Am Ende bin ich noch immer bei dir. 23 + 24 erforsche mich, Gott, und erfahre mein Herz, prüfe mich und erfahre, wie ich's meine. Und sieh, ob ich auf bösem Wege bin und leite mich auf ewigem Wege.

So nimm denn meine Hände

Merkvers: *So nimm – in dein – wenn ich*

1. ***So nimm*** denn meine Hände / und führe mich/ bis an mein selig Ende / und ewiglich. /Ich mag allein nicht gehen / nicht einen Schritt: / wo du willst gehen und stehen, / da nimm mich mit.
2. ***In dein*** Erbarmen hülle / mein schwaches Herz/ und mach es gänzlich stille / in Freud und Schmerz. / Lass ruhn zu deinen Füßen / dein armes Kind: / es wird die Augen schließen /und glauben blind.

3. *Wenn ich* auch gleich nichts fühle / von deiner Macht, / du führst mich doch zum Ziele / auch durch die Nacht: / so nimm denn meine Hände / und führe mich / bis an mein selig Ende /und ewiglich.

Julie HAUSMANN, geb. 1826 in Riga, Erzieherin an verschiedenen Orten im Baltikum, ab 1870 Musiklehrerin in St. Petersburg/Russland, gest. 1901 in Wusso/Estland.

Psalm 143 1,2+10 Herr, erhöre mein Gebet, vernimm mein Flehen um deiner Treue willen, erhöre mich um deiner Gerechtigkeit willen und geh nicht ins Gericht mit deinem Knecht; denn vor dir ist kein Lebendiger gerecht. Lehre mich tun nach deinem Wohlgefallen, denn du bist mein Gott; dein guter Geist führe mich auf ebener Bahn.

Wer nur den lieben Gott lässt walten

Merkvers: Wer nur – was – man – er kennt / denk nicht – es sind – sing, bet und geh

1. *Wer nur* den lieben Gott lässt walten / und hoffet auf ihn allezeit, / den wird er wunderbar er-

halten / in aller Not und Traurigkeit. / Wer Gott, dem Allerhöchsten, traut , / der hat auf keinen Sand gebaut.

2. **Was** helfen uns die schweren Sorgen, / was hilft uns unser Weh und Ach? / Was hilft es, wenn wir alle Morgen / beseufzen unser Ungemach? / Wir machen unser Kreuz und Leid / nur größer durch die Traurigkeit.

3. **Man** halte nur ein wenig stille / und sei doch in sich selbst vergnügt, / wie unsres Gottes Gnadenwille / und sein Allwissenheit es fügt; / Gott, der uns sich hat auserwählt, / der weiß auch sehr wohl, was uns fehlt.

4. **Er kennt** die rechten Freudenstunden, / er weiß wohl, wann es nützlich sei; / wenn er uns nur hat treu erfunden / und merket keine Heuchelei, / so kommt Gott, eh' wir's uns versehn / und lässet uns viel Gut's geschehn.

5. **Denk nicht** in deiner Drangsalshitze, / dass du von Gott verlassen seist / und dass ihm der im Schoße sitze, / der sich mit stetem Glücke speist. / Die Folgezeit verändert viel / und setzet jeglichem sein Ziel.

6. **Es sind** ja Gott sehr leichte Sachen / und ist dem Höchsten alles gleich: / den Reichen klein und arm zu machen, / den Armen aber groß und

reich. / Gott ist der rechte Wundermann, / der bald erhöhn, / bald stürzen kann.

7. ***Sing, bet und geh*** auf Gottes Wegen, / verricht das Deine nur getreu / und trau des Himmels reichem Segen, / so wird er bei dir werden neu. Denn welcher seine Zuversicht / auf Gott setzt, den verläßt er nicht.

Georg NEUMARK, geb. 1621 in Langensalza/Thüringen, als Jura-Student in Königsberg/Ostpreussen im Künstlerkreis um Simon Dach, nach vielen Reisen ab 1652 Bibliothekar in Weimar, gefeierter Hofdichter und Gambenspieler; gest.1681 in Weimar.

Psalm 145 8 Gnädig und barmherzig ist der Herr, geduldig und von großer Güte. 15-18 Aller Augen warten auf dich und du gibst ihnen ihre Speise zur rechten Zeit. Du tust deine Hand auf und sättigst alles, was lebt, mit Wohlgefallen. Der Herr ist gerecht in allen seinen Wegen gnädig in allen seinen Werken. Der Herr ist nahe allen, die ihn anrufen, allen, die ihn ernstlich anrufen.

Wie groß ist des Allmächtgen Güte

Merkvers: _Wie groß – wer hat – schau – und ehr – Gott_

1. **Wie groß** ist des Allmächt`gen Güte! / Ist der ein Mensch, den sie nicht rührt , / der mit verhärtetem Gemüte / den Dank erstickt, der ihm gebührt? Nein, seine Güte zu ermessen sei ewig meine größte Pflicht. / Der Herr hat mein noch nie vergessen ; / vergiß, o Herz, auch seiner nicht.

2. **Wer hat** mich wunderbar bereitet? / Der Gott, der meiner nicht bedarf. Wer hat mit Langmut mich geleitet? / Er, dessen Rat ich oft verwarf. / Wer stärkt den Frieden im Gewissen? / Wer gibt dem Leben neue Kraft? / Wer lässt mich so viel Glück genießen?/ Ist's nicht sein Arm, der alles schafft?

3. **Schau**, o mein Geist in jenes Leben/ zu welchem du erschaffen bist, / wo du mit Herrlichkeit umgeben, Gott ewig sehn wirst, wie er ist. / Du hast ein Recht zu diesen Freuden/ durch Gottes Güte sind sieh dein. / Sieh´, darum musste Christus leiden, / damit du könntest selig sein.

4. **Und** diesen Gott sollt ich nicht **ehr**en/ und seine Güte nicht verstehn? / Er sollte rufen, ich nicht

hören, / den Weg, den er mir zeigt, nicht gehn? / Sein Will' ist mir ins Herz geschrieben, / sein Wort bestärkt mich ewiglich: / Gott soll ich über alles lieben / und meinen Nächsten gleich wie mich.

5. O **Gott**, lass deine Güt' und Liebe / mir immerdar vor Augen sein. / Sie stärk in mir die guten Triebe / mein ganzes Leben dir zu weihn. / Sie tröste mich zur Zeit der Schmerzen / sei leite mich zur Zeit des Glücks / und sie besieg' in meinem Herzen / die Furcht des letzten Augenblicks.

Christian Fürchtegott GELLERT, geb. 1715 in Hainichen bei Freiberg/Erzgebirge; Theologe, Professor für Dichtkunst und Moral in Leipzig, beliebter Dichter von Fabeln und bürgerlichen Lustspielen, in denen er Vernunft und Aufklärung mit empfindsamer Herzensbildung und bibelgläubiger Frömmigkeit verbindet. Gest. 1769 in Leipzig.

Psalm 150 1,2,6 Halleluja! Lobet Gott in seinem Heiligtum, lobet ihn in der Feste seiner Macht! Lobet ihn für seine Taten, lobet ihn in seiner großen Herrlichkeit! Alles, was Odem hat, lobe den Herrn! Halleluja!

Literaturhinweise

BIRBAUMER Niels. Dein Gehirn weiß mehr, als du denkst. Ullstein-Verlag Berlin, 2014

BRUKER Max Otto. Unsere Nahrung, unser Schicksal, Emu-Verlag, D-56112 Lahnstein, 42. Auflage 2008

ENDERS Giulia. Darm mit Charme. Ullstein-Verlag Berlin, 10. Auflage 2014

KANDEL Eric R. Auf der Suche nach dem Gedächtnis, Siedler Verlag München, 2006

KNAPP Andreas, **Wolfers** Melanie. Glaube, der nach Freiheit schmeckt. Herder, 2013

KNAPP Andreas. Herder Verlag Freiburg-Basel-Wien. 2. Auflage 2013

KNAPP Andreas. Höher als der Himmel. Göttliche Gedichte. Echter Verlag. 2. Auflage 2012

TRÖKES Anna/KNOTHE Bettina. Neuro-Yoga. O.W. Barth Verlag 2014

SCHILLER Karl Erwin. Christsein im Weltall II. Österr. Arbeitsgemeinschaft" Hilfe und Heil"; Eigenverlag Ried OÖ., 2005. Vergriffen, Einzelexemplare nur noch antiquarisch erhältlich.

SCHMID Norman. Nicht immer denken. Maudrich-Verlag, 2014.

Die Texte der Lieder entstammen dem EG, Ev. Gesangbuch, Ausgabe 1994, Ev. Presseverband Wien.
Die Psalmtexte der revidierten Bibelübersetzung Martin Luthers, Österr. Bibelgesellschaft Wien 1975.
Das sinngemäße Zitat des Philosophen Slavoj Žižek auf Seite 82 habe ich dem STANDARD ALBUM vom 24.01.2015 entnommen.

Grundsätzliche Überlegungen

Auswendiglernen?

Mit diesem Thema sind für viele Menschen meist **negative Erinnerungen** verbunden, weil es mit Druck und Zwang verknüpft war. Wer sich **jedoch aus Freude** und innerer Überzeugung gute, inhaltsreiche Lieder und damit positive Gedanken einprägt, sammelt innere Schätze und wird in einem tieferen Sinn reich. „Learning by heart" – mit dem Herzen lernen, nicht nur mechanisch.

Dabei spielt fortgeschrittenes Alter keine entscheidende Rolle. Moderne Forscher weisen auf die **unfassbare Komplexität unseres Gehirns** hin, die wir alle zur Verfügung hätten und doch nur zu wenigen Prozentanteilen praktisch nützen und anwenden.

Ich habe mir in den letzten Jahren bisher rund 180 Liedverse eingeprägt und wiederhole sie regelmäßig: z.B. beim morgendlichen **Nordic walking** und im Bett nach dem Erwachen oder vor dem Einschlafen. Wer mit dem Liedlernen beginnt, wozu ich sehr ermuntern möchte, sollte sich zunächst ganz auf ein einfaches Lied konzentrieren, sich den Merkspruch für die einzelnen Versanfänge fix einprägen und dann die einzelnen Strophen konsequent lernen. Auch beim „einpauken" hilft **körperliche Bewegung**, z.B. mit einem Arm oder Fuß, sowie durch **bewusstes Ein- und Ausatmen**. Oftmaliges Meditieren und Wiederholen macht dann den Liedtext immer mehr zu unserem eigenen, immer verfügbaren geistigen Eigentum. Er wird wirklich zu einem Schatz in unserem Innersten, so wie manche Gebete, die wir schon von klein auf kennen – etwa das Vaterunser oder der 23. Psalm. Der Herr ist mein Hirte …

Wenn wir die Lieder dann noch **zusätzlich leise oder laut singen**, werden weitere Bereiche in unserem Gehirn aktiviert und miteinander verbunden. Durch die aktive körperliche Bewegung ebenfalls. Dazu kommt geistig der wertvolle, positive, meist tröstliche und aufmunternde Inhalt der Lieder als verdichtetes Wort Gottes. Es sind wirklich große und gute Gedanken mit Ihrer Macht und inneren Kraft – darum der bewusst gewählte Titel dieses Bändchens.

Zugegeben : manche Texte klingen aufs erste vielleicht ein bisschen antiquiert. Sie sind ja immerhin, wie im Falle Paul Gerhardts, rund 350 Jahre alt. Aber **der gute Kern im alten Textgewand** lässt sich mit gutem Willen dennoch in seinem zeitlosen Wert begreifen! Als ein kostbarer verborgener Schatz, der darauf wartet von uns entdeckt und in seinem vollen Wert erkannt zu werden. Leider geschieht das viel zu selten und zu wenig. Das hat bedauerliche Folgen.

Rückzugsgefechte? Gefahren und neue Chancen

Dass unsere Kirchen hier zu Lande in den letzten Jahrzehnten statistisch stark abgenommen und auch spürbar an Bedeutung und Einfluss verloren haben ist offenkundig. Man mag das je nach innerer Einstellung gutheißen oder bedauern – es ist ein Faktum. Der slowenische Philosoph Slavoj Žižek hat angesichts des islamistischen Terrors zu Jahresbeginn 2015 meiner Überzeugung nach richtig geurteilt: **Das wahre Problem ist nicht die muslimische Bedrohung von außen, sondern unsere eigene Dekadenz**, unsere innere Schwäche. Dabei beruft er sich auf Friedrich Nietzsche, der vor über 130 Jahren vorausahnte, dass sich die westliche Kultur auf den „letzten Menschen" zu bewegen würde … eine apathische Kreatur, ohne große Leidenschaft und Verantwortung, unfähig zu träumen, des Lebens müde, ohne Risikobereitschaft, nur noch auf Bequemlichkeit und Sicherheit bedacht, tolerant im Sinne von wohlwollender Gleichgültigkeit. – Das ist sicher viel Wahres ….

Wollen wir das aber wirklich? Sollen wir uns vor äußeren Gefahren fürchten und lähmen lassen, ohne zuvor die eigene Dekadenz, unsere innere Leere zu erkennen und etwas Sinnvolles dagegen zu tun? Indem wir wieder **beginnen die alten Schätze neu zu entdecken** und wieder innerlich reich, ausgeglichen, zufrieden und tatenfreudig zu werden. Indem wir mithelfen, dass wieder echte Gemeinschaft wächst und gelebt wird, denn **soziale Beziehungen sind**

gesund und wichtig , das sagt heute auch jeder vernünftige Psychologe. In unseren Kirchengemeinden mit weithin intakter, guter Infrastruktur bieten sich da viele Möglichkeiten, die besser erkannt und genutzt werden könnten.

Wissenschaft und Glaube

Es gibt immer noch eine große **Wissenschaftsgläubigkeit**. Man ist überzeugt, je mehr geforscht und entdeckt wird, desto weniger „weiße Flecken" gibt es. Schließlich wird man einmal alles wissen und bald würde sich dann jede Religion, jeder Glaube an ein Höheres Wesen erübrigen. Denn die Ratio, unser Verstand würde in absehbarer Zeit alles logisch restlos erklären können.

Tatsächlich ist es so, dass sich **immer neue offene Fragen** ergeben. Die unvorstellbaren Dimensionen im größten und kleinsten, in der **Astrophysik und Mikrobiologie** übersteigen alle unsere Vorstellungen. Unsere Welt ist und bleibt voller Wunder und Rätsel. Das gängige mechanistische Weltbild, mit dem man alles physikalisch messen, wägen oder chemisch entschlüsseln möchte, ist unhaltbar. Denn inzwischen gilt unbestreitbar, dass unsere Materie und Energie, Körper und Geist nicht mehr so eindeutig definierbar und von einander abgrenzbar sind.

Heute weiß man: körperliche Krankheiten haben meist auch seelische Ursachen. Unsere Gedanken haben Einflüsse auf unsere inneren Organe und das Immunsystem. Für jede körperliche Bewegung und Regung gibt es bestimmte Muster in unserem Gehirn.

Leider hatte ich in meinem aktiven Berufsleben als Pfarrer nie die nötige Zeit und Energie für diese Wissensgebiete, aber immer schon großes Interesse an diesen wissenschaftlichen Fragen. Jetzt, im Ruhestand, nehme ich mir die **Zeit zum Studium** der entsprechenden zahlreichen Wissensangebote in **Büchern und Medien**. Dabei erlebe ich mich als interessierter Christ keineswegs als Außenseiter, sondern spüre die gemeinsame Realität mit den Wissenschaftlern in unserer unteilbaren Welt.

So verstanden sind wir als Christen angesichts vieler neuer wissenschaftlicher Forschungsergebnisse keine rückständigen Nachzügler, verängstigte Modernisierungsgegner oder dogmatisch-sture Verweigerer. Vielmehr sind wir durch unseren Glauben ermutigt und beflügelt, im Sinne des neuen Kirchenliedes: Vertraut den neuen Wegen, auf die der Herr uns weist,/ denn Leben heißt: sich regen, weil Leben wandern heißt ….

Psychotherapeuten reden zu Recht von unseren **Selbstheilungskräften** im menschlichen Organismus, mit denen sie rechnen und die sie zu stimulieren versuchen. Als Christ soll ich gern die Kunst und Erfahrung des Arztes in Anspruch nehmen, der Schulmedizin und auch mancher alternativen Heilungsangebote. Aber ich darf zugleich mit der realen

Kraft des Heiligen Geistes rechnen; mit der unsichtbaren, aber persönlich erfahrbaren Gegenwart des auferstandenen Herrn Jesus Christus.

Wissenschaftler wählen in der Regel neutrale Wendungen und sprechen von Wundern der Natur. Sie sind begeistert über das, was „die Evolution" in Jahrmillionen hervorgebracht hat – wie wenn es sich um eine PERSON handeln würde. Wer an Gott glaubt, wird redliche wissenschaftliche Arbeit nicht gering achten, aber hinter allen Geheimnissen der Natur **Gott den Schöpfer** und Erhalter **erkennen und ihm persönlich** für die Wunder der Evolution **danken**. Er ist die richtige Adresse, kein numinoser Begriff wie Natur, Evolution oder - im NS-Jargon – die Vorsehung.

Leben und Vielfalt - versöhnte Verschiedenheit

Wer das bejaht wird sich selbst nicht absolut setzen, sondern sich auch für andere Religionen interessieren und ihre Weisheit respektvoll anerkennen, ebenso die vielfältigen Möglichkeiten eines „atheistischen Humanismus", nach dem unbewusst sehr viele unserer Zeitgenossen leben. Die **kopernikanische Wende** in der Astrophysik, dass sich nicht mehr alles um unsere Erde dreht, sondern um die viel größere Sonne, muss auch im weiteren Sinn **geistig akzeptiert** werden. Es kann sich auch nicht alles um uns Menschen drehen, denn es gibt Tiere und Pflanzen mit demselben Existenzrecht.

Bei unseren Besuchen in Chile, wo unsere jüngste Tochter mit ihrer großen Familie lebt, stelle ich immer wieder fest, wie weit weg Europa ist, wie wenig man dort über uns hier weiß – und natürlich auch umgekehrt. Was wissen wir von **Südamerika** und anderen entfernten Teilen der Erde, wenn wir uns nicht speziell dafür interessieren? Und doch leben wir alle in dieser einen, wunderbaren und zugleich bedrohten Welt.

Auch im eigenen Land, im engeren Umkreis geht es darum, wahrzunehmen und anzuerkennen, wie vielfältig und verschieden alles ist. In meiner Heimatstadt **Gmunden** mit rund 14.000 Einwohnern gibt es rund 150 Vereine. Jeder hat sich wichtige Aufgaben gestellt, betreut seine Mitglieder und sucht Aufmerksamkeit und Unterstützung in vielfältigen Aktivitäten. Dazu kommen die in den letzten Jahren stark vermehrten technischen Medien, die neue Chancen der Verständigung bieten, aber auch die Gefahr der Informationsschwemme und Abstumpfung.

Als **Christen und Kirchengemeinden** gehören wir in unserem freien Rechtsstaat voll dazu. Wir sind mitten drin mit unseren besonderen Aufgaben der Seelsorge, Lehre und Angeboten hilfreicher Gemeinschaft. Um uns dabei im Sinne Dietrich Bonhoeffers als mündige Christinnen und Christen zu bewähren müssen wir geerdet und in Gott zentriert sein; am Sonntag und im Alltag unseren Glauben leben, da und dort praktisch anpacken und auskunftsfähig – gesprächsbereit nach allen Seiten sein.

Ich möchte mich in aller Bescheidenheit mit dem Erfolgsautor **Anselm Grün** um „die Kunst bemühen, die christlichen Geheimnisse so zu beschreiben, dass die Menschen merken: das entspricht meiner tiefsten Sehnsucht."

Jesus sagt: Wem das Herz voll ist, dem geht der Mund über. Sammelt euch Schätze im Himmel, die nicht vom Rost und den Motten zerstört werden.

Darum das wichtige Anliegen dieses handlichen Büchleins: Schätze sammeln und innerlich reich werden. Das ist für uns alle möglich! Indem wir konkret beginnen mit dem Einprägen und konsequentem Wiederholen einzelner Glaubenslieder. Dadurch werden sie unser stets abrufbares geistiges Eigentum. Ihre zeitlosen Symbole und Bilder regen unsere Phantasie an und beflügeln sie. Die umfassenden und heilsamen Gedanken aus dem Wort Gottes, die in den Liedern verdichtet sind, mögen unsere engen Herzen und Hirne weiten und öffnen für die zahllosen Wunder der Natur und für unsere Mitmenschen nah und fern in ihrer eigenen Lebensvielfalt.

Gesamtüberblick
Kleinbuch-Serie LICHTBLICKE

A Kurzbiografien

1 Zeitzeugen der Kriegs- und Nachkriegszeit,
z. B. Karl Polster

2 Mitmenschen mit schweren Schicksalsschlägen

3 Heutiger Alltag

B Vergessene Schätze

1 Aus der Zeit der Gegenreformation,
z. B. Johann Stark – Gebete

2 Glaubenszeugen aus dem 19. und
20. Jahrhundert

3 „Learning by heart" Hilfe zur Einprägung
von Glaubensliedern

C Impulse zum Glauben, Hoffen und Lieben

Besondere Predigtauszüge, Vermittlung
wichtiger theologischer Erkenntnisse in
kleiner Dosis. Anstöße für die eigene geistige
Auseinandersetzung. Mut und Lust zur
Theologie.